新时代
中小学校长
群像

Xinshidai Zhongxiaoxue
Xiaozhang Qunxiang

齐林泉　李　萍 / 主编

北京师范大学出版集团
BEIJING NORMAL UNIVERSITY PUBLISHING GROUP
北京师范大学出版社

图书在版编目（CIP）数据

新时代中小学校长群像/齐林泉，李萍主编．——北京：北京师范大学出版社，2022.8
ISBN 978-7-303-27316-4

Ⅰ.①新…　Ⅱ.①齐…　②李…　Ⅲ.①中小学－校长－学校管理－研究　Ⅳ.①G637.1

中国版本图书馆 CIP 数据核字（2021）第 219343 号

营 销 中 心 电 话　010-58802135　010-58802786
北师大出版社教师教育分社微信公众号　京师教师教育

出版发行：北京师范大学出版社 www.bnupg.com
　　　　　北京市西城区新街口外大街 12-3 号
　　　　　邮政编码：100088
印　　刷：天津旭非印刷有限公司
经　　销：全国新华书店
开　　本：170 mm×240 mm　1/16
印　　张：15
字　　数：203 千字
版　　次：2022 年 8 月第 1 版
印　　次：2022 年 8 月第 1 次印刷
定　　价：55.00 元

策划编辑：伊师孟　　　责任编辑：周　鹏　安　健
装帧设计：焦　丽　　　美术编辑：焦　丽
责任校对：包冀萌　　　责任印制：马　洁

本书编委会

主　　任：周　飞

成　　员：张圣华　蔡继乐　储召生

主　　编：齐林泉　李　萍

执行编委：时晓玲　张　晨　王家源　苏　婷

序言一：培养造就新时代的教育家型校长

．．．．．．．．．

中华文明，延绵五千余年，教育先贤辈出，巨擘云集，从首开私学的孔子到三任稷下学宫祭酒的荀子，从文起八代之衰的韩愈到龙场悟道此心光明的王阳明，他们的执教思想广博深邃、启智润心；近现代文脉赓续，名家大师涌现，造就了陶行知、张伯苓、徐特立、吴玉章、成仿吾等一大批校长名师，他们的教育实践泽被后世、薪火相传。长期以来，广大教师，特别是一代又一代校长呕心沥血、默默奉献，为中华文明传播和民族振兴作出了重大贡献。

党的十八大以来，以习近平同志为核心的党中央高度重视教师队伍建设，始终把教师队伍建设作为最重要的基础性工程来抓。习近平总书记曾在不同场合多次强调教师工作的重要意义，先后提出了"四有好老师""四个引路人""四个相统一""大先生"等新理念、新思想。习近平总书记系列重要讲话，为加快推进教育现代化、建设教育强国，办好人民满意的教育提供了根本遵循和行动指南。

2014年6月，教育部启动了以培养造就一批具有较大社会影响力、能够在基础教育事业发展中发挥示范引领作用的教育家型校长为目标的"校长国培计划"——卓越校长领航工程名校长领航班。目前，该项目已经培养了近200名校长，他们践行教育家的办学理念，矢志不渝，躬耕不辍。2018年1月，中共中央和国务院印发的《关于全面深化新时代教师队伍建设改革的意见》明确指出："到2035年，教师综合素质、专业化水平和创新能力大幅提升，培养造就数以百万计的骨干教师、数以十万计的卓越教师、数以万计的教育家型教师。"2018年3月，教育部等五部门印发的《教师教育振兴行动计划（2018—2022年）》提出："实施中小学名师名校长领航工程，培养造就一批具有较大社会影响力、能够在基础教育领域发挥示范引领作用的领军人才。"2022年4月，教育部等八部门联合印发的《新时代基础教育强师计划》明确提出："实施新周期名师名校长领航计划，培养造就一批引领教育改革发展、辐射带动区域教师素质能力提升的教育家。"

2019 年 9 月，在庆祝中华人民共和国成立 70 周年之际，国家主席习近平签署主席令，授予于漪、卫兴华、高铭暄"人民教育家"国家荣誉称号。三位"人民教育家"为广大教师树起了精神标杆、立起了榜样旗帜，极大增强了立德树人、教书育人的荣誉感和责任感。2022 年 4 月 25 日，习近平总书记在中国人民大学考察调研时强调："培养社会主义建设者和接班人，迫切需要我们的教师既精通专业知识、做好'经师'，又涵养德行、成为'人师'，努力做精于'传道授业解惑'的'经师'和'人师'的统一者。"

《新时代中小学校长群像》一书的面世，正逢其时、恰逢其势。中小学校长是高素质专业化创新型教师队伍的重要力量，是构建基础教育人才高地的领军人物，是新时代教育改革工作的践行者和领航者，应大力选树宣传先进典型，引导激励广大教师不忘立德树人初心，牢记为党育人为国育才使命。

每一个时代、每一项事业，都需要一批鲜活生动、有血有肉的优秀典型来代表其形象、展示其风貌。该书收录的各位中小学校长的先进事迹，鲜活灵动，感人至深。读罢，掩卷深思，感慨万千。他们当中，有些名字我比较熟悉，有些是第一次听到，但认真读来，不禁为他们乐教爱生的情怀所感动，更不禁为他们追求教育理想的执着精神而叹服，他们的事迹平凡而伟大，他们的事业崇高而神圣。

于漪老师在寄语青年教师时曾谈到："我从教的准则是：理想就在岗位上，信仰就在行动中。"希望广大教师以书中的各位优秀校长为榜样，将所学所想转化为言为士则、行为世范的行动自觉，不断提高道德修养，以德立身、以德立学、以德施教、以德育德，争做被社会尊重的楷模、为世人效法的榜样，为培养德智体美劳全面发展的社会主义建设者和接班人作出新的更大贡献。

任友群

2022 年 5 月

序言二

·········

教育实践，追求的境界是缔造教育之美。学校是培育人的，校长应有人文情怀；学校为家庭、为社会、为民族、为国家培育下一代，校长应有家国情怀；校长办教育，应有教育理想，是为教育情怀。人文情怀、家国情怀、教育情怀，都是崇高的情感，属于美的范畴，超越了价值。超越价值，并非价值无涉，而是价值引领。

北京大学的老一辈哲学家冯友兰先生认为，中国人极其关心哲学，在哲学里满足了对超乎现世的追求，在哲学里表达了、欣赏了超道德价值，而按照哲学去生活，也就体验了这些超道德价值。从实践层面来说，每一个中国人都是哲学家。相对于西方国家，中国人不那么关心宗教，每个人都为自己建立了一套处世哲学和行为准则，中国人的哲学不是思辨哲学，而是实践哲学。但是，个人的处世哲学，容易坠入过度的功利主义和实用主义，为了避免整个社会沉溺于功利主义，需要哲学智慧即美学的审美判断力予以救赎。理性审视情感，产生崇高的理性情感，即为审美判断力。哲学注重智慧，哲学中的高级智慧是审美，是对永恒的求索。

崇高的情感，是人性的一部分，根植于每一个人的心灵中，只是有些人处于遮闭状态，有些人在自我挖掘。优秀的校长们，是一批自觉地挖掘自我心灵中崇高情感的实践者。这些崇高的情怀，又表述在他们的教育思想中，表现在他们的教育理想和教育实践中。如果文学艺术之美是灵魂的救赎，那么教育之美则是人世间实践的救赎。事实上，教育承担着这一救赎的责任，正是随着教育的救赎，人类社会才逐步摆脱饥饿、愚昧和贫困，得以不断进步。教育承担起责任，需要在超越价值的范畴中寻找一个永恒的支点。阿基米德曾说："给我一个支点，我可以撬动地球。"支点在哪儿？支点在审美的智慧里，它将个人的功利心、价值取向与人类的进步整合在一起。我们需要一个支点，我们不能没有支点，否则我们的行为和实践就会陷入迷茫。因此，我们讲教育家的境界，是人文情怀、家国情怀、教育情怀，是美学的境界。

教育之美并非虚幻的空中楼阁，需要实实在在的教育实践和优秀的办学业绩作支撑。取得办学业绩的前提之一，是把握教育规律。校长的办学思想，大体上有两个方面：第一，受领于审美判断力的价值引领，是基于哲学修养和智慧锻造的教育理念，构建出思想引领体系；第二，理性的实践，基于教育的规律，基于管理的规律，科学地规划学校发展。这是一个在价值与事实之间的判断问题，是价值取向与遵循规律的实践问题。关于这个问题，一个最简明的思辨式提问是：教育中行之有效的学习规律和教学规律，应用于怎样教育价值取向的办学实践中？

当然，答案远非简单和明晰的，要在实践中不断地探索。但是，能够明确的是，教育本身就是崇高的事业。美的教育实践，蕴含着崇高的价值引领，也遵循着行之有效的规律。校长职业发展的目标，是教育家型校长。谈及教育家型校长，绕不开校长自身的内在品质和外显形式两个方面。内在品质包括：专业智慧，即锻造哲学和美学意义上的精神品质，即人文情怀、家国情怀、教育情怀；专业知识，即把握教育规律和办学规律；专业能力，即将智慧和知识付诸实践的能力，也就是校长的领导力。在内在品质的支撑下，教育家型校长的外显形式包括立功、立言、立德。立功，即取得优秀的办学业绩；立言，即形成具有个性特征的教育思想和办学思想；立德，即在团队和业界中的思想引领与实践引领，发挥教育家的社会影响力。

美的永恒，蕴含在诗歌吟唱中，在音乐的华章中，在绘画雕塑的透视中，在小说的叙事中，在哲学的沉思中，在智者的实践中，在历史的沉积中。《新时代中小学校长群像》就是在塑造一个美的群体——在优秀校长的教育理念中，在他们的办学实践中，彰显着人文情怀、家国情怀、教育情怀的崇高之美。

　　在这里，向在事实与价值之间、在规律与价值选择之间，不懈地践行崇高教育理念的优秀校长们，致以崇高的敬意。价值引领，从来都是勇敢者的高地。这些勇敢者是思想者，是探索者，是实践的引领者。

　　谨以此序，献给新时代的优秀校长群体。

郭　垒

· · · · · · · · ·

自序：筑梦教育新时代

·········

"必须把培养社会主义建设者和接班人作为根本任务，培养一代又一代拥护中国共产党领导和我国社会主义制度、立志为中国特色社会主义奋斗终身的有用人才。这是教育工作的根本任务，也是教育现代化的方向目标。"[①] 2018年教师节召开的全国教育大会，向全国教师和校长发出了动员令。

随后一年之内，我国先后发布《关于学前教育深化改革规范发展的若干意见》《关于深化教育教学改革全面提高义务教育质量的意见》《关于新时代推进普通高中育人方式改革的指导意见》，为新时代基础教育改革与发展系统设计出路线图。接着，《关于全面加强新时代大中小学劳动教育的意见》《关于全面加强和改进新时代学校体育工作的意见》《关于全面加强和改进新时代学校美育工作的意见》以及《深化新时代教育评价改革总体方案》等政策的出台，进一步绘制了以"坚持党对教育事业的全面领导，坚持把立德树人作为根本任务，坚持优先发展教育事业，坚持社会主义办学方向，坚持扎根中国大地办教育，坚持以人民为中心发展教育，坚持深化教育改革创新，坚持把服务中华民族伟大复兴作为教育的重要使命，坚持把教师队伍建设作为基础工作"[②] 为基本遵循的发展蓝图，给全国教师和校长提供了发挥才智，加快推进教育现代化、建设教育强国、办好人民满意的教育的广阔天地。

2021年11月，《中华人民共和国教师法（修订草案）（征求意见稿）》出炉，其中有"第七条（荣誉制度）国家建立教师荣誉表彰制度，设立国家教师

---

①② 《习近平出席全国教育大会并发表重要讲话》，http://www.gov.cn/xinwen/2018-09/10/content_5320835.htm，2022-04-04。

奖，对有重大贡献的教师，依照国家有关规定授予人民教育家、全国教书育人楷模、全国模范教师、全国优秀教师等称号"的内容。从《国家中长期教育改革和发展规划纲要（2010—2020年）》中倡导"造就一批教育家，倡导教育家办学"到中共中央、国务院印发的《关于全面深化新时代教师队伍建设改革的意见》中"培养造就数以百万计的骨干教师、数以十万计的卓越教师、数以万计的教育家型教师"的目标，再到将以授予"人民教育家"等称号建立教师荣誉表彰制度写入《中华人民共和国教师法（修订草案）（征求意见稿）》，确立了每个教育工作者梦寐以求的最高事业目标。

2015年，为落实和推动教育家型教师和校长队伍建设的要求，按照《关于启动实施"校长国培计划"——2014年卓越校长领航工程的通知》（教师司函〔2014〕48号），教育部举办了全国首期中小学名校长领航班。首期领航班精选的64名学员，是我国教育改革发展的积极倡导者和先行者，积累了宝贵的办学治校经验，《中国教育报》从2016年4月16日开始与教育部教师工作司合办"中国好校长·领航者系列"，开辟专栏对他们进行宣传。作为承担该项任务、中国教育报校长周刊的时任主编，本人与周刊团队坚持深入一线进行采访，对邱成国、迟玉英等36名校长的教育思想和实践进行了集中生动的跟踪报道，被教育部教师工作司评价为"为传播他们的教育智慧、推广他们的办学经验做出了贡献"。而这些被关注的卓越校长的成长案例，于2018年4月由北京师范大学出版社结集出版为"'校长国培计划'——卓越校长领航工程中小学名校长领航丛书"《领航者在行动》。

2018年夏，在为期三年的首期中小学名校长领航班学员毕业之后不久，我们迎来了第二期学员。为了传播这些领航校长的教育智慧，广泛地推广他们的办学经验，我们不仅从2018年暑期开启了每年一届的中国教育报校长大会，推动全国校长落实中共中央和国家教育政策、交流先进办学经验、促进校长专业成长，还一如既往地对第二期中小学名校长领航班学员进行跟踪报道，凝练他们的教育思想和办学理念，传播并推广他们的办学经验。

不唯如此,我们以宣传报道首期中小学名校长领航班的成功经验,将跟踪人群扩大至中小学名校长领航班之外、近些年活跃在全国教育舞台上并作出卓越贡献的中小学名校长——他们也是历届中国教育报校长大会的常客,以描画进入新时代以来,不同于以往的中小学校长群像,呈现出新时代中小学校长成长的新生态。本书所选择的 40 位校长,正是他们中间的杰出代表。

这批校长来自全国不同的区域,教育成长过程和办学治校经历也各不相同,但他们都扎根中国大地,在党的领导下,以人民为中心,勇担中华民族伟大复兴使命,锐意改革,勇于创新,沿着社会主义办学方向,立德树人,为国育才。他们的育人故事令人动容,他们的办学实践给人启发,他们是新时代中小学校长的领航人。

相信在他们的感召和引领下,一大批以人民为中心、推进教育现代化、建设教育强国、办好人民满意教育的中小学校长,乘着新时代的春风茁壮成长。而在不久的将来,中国教育必然会迎来一大批"未来人民教育家"大展宏图的时代。

感谢给予此书出版及其相关的中国教育报校长大会极大支持的教育部教师工作司、教育部政策法规司、教育部中小学校长和幼儿园园长国家级培训项目管理办公室、教育部中学校长培训中心、教育部小学校长培训中心、教育部幼儿园园长培训中心等机构和相关个人,感谢对书中校长进行采访报道和审发稿件的每一位采编人员,感谢在新时代做出不凡业绩的每一位校长。

让我们一道,在教育新天地里,凝心聚力,携手前行。

齐林泉

2022 年 4 月 4 日于中国教育报刊社人民教育家研究院

· · · · · · · · ·

目 录 C O N T E N T S

目 录 CONTENTS

目　录　C O N T E N T S

探索全新模式，建设未来学校：
李蓓与成都市实验小学①

把自己打破，把学校打开，教育应该更加开放与自由。

——李蓓

李蓓（右二）与孩子们在书海中一起畅想未来。方慧敏 摄

小档案

李蓓，四川省成都市实验小学校长，四川省第十二届有突出贡献的优秀专家，四川省第十三届"五四奖章"获得者，成都市"未来教育家"培养对象、"新课程改革先进个人"。

---

① 倪秀：《李蓓：领着师生，邂逅未来》，载《中国教育报》，2018-05-30。收入本书时有改动。

绚烂的 5 月，三角梅在风中摇曳。四川省成都市实验小学（下文简称"实小"）校园内，校长李蓓正和教师们商量着学校百年校庆特刊的选题。"未来""传承""跨界""回归""温暖"……这些词语，不断跃动在他们的脑海之中。2015 年，成都市启动未来学校项目建设，实小成为 13 所试点学校之一。建设未来学校，成了在这所学校任教十多年的李蓓担任校长以来的"头等大事"。李蓓说，从那时起，她和学校教师领着孩子们开启了未来探索之旅。

"18 亩＋"
借力借势构建未来学校

"没有路径，没有概念，对我来说也是一个全新的挑战。"2015 年，刚开始启动未来学校建设时，用李蓓的话说，她和教师们都是"蒙"的。但她内心笃定，未来应该有一种新型的学校样态。如何丰富与重构学校，是未来学校建设中摆在校长面前的一个重要课题。未来学校到底该是怎样的，是未来学校建设至关重要的一个问题。

早在 2012 年 9 月，全国第一家"植入式小学网校"在实小成立。如今，实小已发展成为拥有远端学校 170 多所、教师 3000 多名、学生 60000 多名的超大学校，是一所跨越时空的云上学校。

"占地 18 亩的学校，打开重构，小学不小。"网校的成功，让李蓓想到了"18 亩＋"的概念。对未来学校的认识经历了从模糊到清晰的漫长过程，实小打开学校、拓展学校，让学校与社区、公共场馆等结合起来，让学校得以线上线下结合，成为一所开放的小学。

地处市中心，实小占地只有 18 亩。学校周边分布着体育馆、科技馆、美术馆、图书馆、博物馆、演艺馆等几大场馆，地理位置得天独厚。在李蓓看来，这些是学校课程设置及学生学习活动非常便捷的可利用资源。

李蓓带领全校师生，在两年的时间中尝试"泡馆课程"。学校将"泡馆课程"放在课程计划中，保证课时，让师生共同观看美术展，开展博物馆课程，用 PBL（Project-Based Learning，项目式学习）的学习模式在场馆中学习成长。她相信，长期的场馆浸泡，会让学生眼界大开，受益匪浅。

而另一个重要的"18 亩+"，就是和高品质机构合作，借势助力，多平台多元发展。李蓓介绍，最初与机构合作，来源于教师白雪研发的一个"小岛课程"，白老师希望孩子们能在一个小岛上进行为期三天两夜的研究与学习。

"校长要做的就是去支持和推动，让教师的想法能够得以实现。"李蓓说。学校无湖无岛，如何达成教师的课程设计？唯有借助平台与机构的力量。在课程落地过程中，李蓓找到四川省环境保护厅（现为四川省生态环境厅），为学校申请到资金与环保专业知识的支持，再从某公司"借"来岛与湖，便成就了最初的"雅·麓课程"——"雅"是百年实小的雅园，"麓"是该公司的麓湖。

"这相当于为城市学校的孩子链接了一所'自然学校'。"李蓓说，学校和机构分工明确，协作前行：学校教师可以进行专业的课程研发与指导实施，而公司则可以完成课程的包装与宣传，提供课程落地的场地与需求。相互借力，各展所长，优势互补，尽一切可能让学生增长书本以外的能力，获得更高更好的平台去发展与成长。

在未来学校的建设过程中，李蓓觉得，首先要做的就是"把自己打破"，然后是"把学校打开"。"我希望打开学校后，引入更多机构与平台，来共同完成教育这件大事。既然凭一己之力无法完成，何不借力与借势去完善？教育应该更加开放与自由，你看美国的 Altschool（一所美国的新型小学），不是也借助硅谷的工程师来一起完成学校的教育吗？"李蓓说。

提倡跨界
探索未来小学大课程

根植学校文化，面向"未来"，打破围墙、多方融合的学习、生活与交往的场所，是李蓓对未来学校新型样态的定义。学校是学习的场所、玩耍的地方，也是生活的所在。

李蓓的儿子正在上初三，看着孩子每天忙碌的身影，她深感初中生玩耍的时间太少，于是就想："在小学，我能尽力为孩子提供更多玩耍的机会吗？"她带领教师们在所有六年级的学生中开展了一次调研——"如果能够回到过去，你最想回到什么时候？"大部分孩子的答案是回到幼儿园。

"6到12岁，可能是儿童记忆最深刻的时候，我们在小学就该给他们留下美好的印记。这如同未来学校建设的理念，孩子能够回到过去，也能够面向未来。"在这样的想法驱动下，实小的童年课程应运而生：专门针对毕业班学生设置以"童年·成长"为主题的课程组群，将回忆、向往、兴趣、爱好、分享等融为一体，意在让学生用一周时间去印记童年时光，体会思考"成长"意蕴与内涵。

5月7日，往常的课表对实小六年级学生们暂时失效，他们成群结队地上课去。"立正，看齐！"实小学生来到一所中学，体验全新的中学生活；"手牵手，一起走"，实小的孩子们像小时候一样回到幼儿园，在天府幼儿园回顾孩童时无忧无虑的时光，体验成长。

"未来学校的核心竞争力是课程。我们小学，也要有宽泛、开放、多元、个性化与可选择的大课程概念。"李蓓说。

2018年春天，实小三年级的学生度过了一个"豪华版"春游。春天在哪里？春天是什么样的？实小师生在这个充满勃勃生机的春天，以"大自然的秘密"为主题，实现了课堂内外"微周综合"课程9个学科同时"跨界"，像是经历了一场酣畅淋漓的"大自然奇妙之旅"。

作为首次尝试，它与校外综合实践课程相结合，为孩子们打造了一个没有边界的趣味学习空间，打通了阻碍跨界课的"最后一公里"：没有改变正常的教学课时，不打乱教师授课时间，教师们能够轻松操作，让跨界课融入日常教学。

李蓓介绍，学校目前的大课程体系，包含根基大课程和学养大课堂。课程内容丰富多彩：有"个创课程"，即由专注于某一个领域并有一定造诣的学长开设的课程，用他们的名字成立"个创工作室"；也有全校抢课、混龄开设、重在体验的"众创课程"；还有让城市成为"校园"、生活成为"课程"的"读成课程"；更有类似密室逃脱的游戏"密"课程，以及以传承中华优秀传统文化为主旨、以节气为课程推进时间的二十四节气课程。

"小学＋大学"
培养为未来而教的教师

1935 年，当时的国民政府教育部派参事赴四川视察教育。经过视察，认为当时的四川省须举办一所设施完善、能从事实验研究的小学。一方面辅导四川省改进小学教育，一方面迎头赶上世界潮流，创造四川教育的新径。当时四川采纳了这个建议，呈请教育部将 1918 年建校的川大附小移交教育厅创办"省立成都实验小学"。自此，"实验研究，辅导地方"就成了学校的办学使命。

实小未来学校建设有一句口号：用专业与学术引领未来。一所学校之所以能保持百年发展的持续动力，源于其专业的办学品位与立于学术之巅的科研走向。李蓓认为，这是不变的真理，更是对"实验研究，辅导地方"办学使命的一脉相承。而要实现这样的传承，其动力的源泉在于教师。

"从教师入手，找到同路人，携手同行者。"这是李蓓的治校方略。而在她眼中，理想的中小学教师应该是这样的：既有落地小学的实践又有基于大学的广阔视野。小学教师应该是跨界的，要能够把教室打开。在这样的理念下，李蓓开启了另外一个"18 亩 +"：在小学中嵌入大学，提升学校的学术品质，进行全科教师培养。

当西华大学学前与初等教育学院就"小学全科教师"培养项目向学校抛出橄榄枝时，李蓓抓住了机遇。在她看来，这是一次升级版的全优化"中师生"培养尝试，它可以为中国未来的教育储存优秀的全科教师，让这些大学的学生在学习理论基础的同时，可以有实践的基地，可以跨越学科进行全科的思考与实践。同时，实小的教师除了有小学教师的身份与角色外，还兼任了大学的导师与师傅，会站得更高，看得更远。

同时，实小与成都中医药大学合作，传承优秀传统文化，开发中医课程。孩子们能够走进这所大学的药植园，在大学生志愿者的带领下，聆听神农尝百草和李时珍的故事，并近距离观察植物。

搭建起"小学＋大学"的教师培养体系后，李蓓要做的就是调动教师们的积极性。学校打破原来以学科为单位的教研组，成立课程研发中心。"老师们是自愿加入其中的，而非迫于行政命令，并且，以项目式合作运作。"李蓓说。该中心是自下而上发展、自上而下推动，学校给了教师很多自主权。课程研发中心的教研方式很开放，像一个多元化的工作坊。

"每个课程项目都有一个负责人，课程可能涉及不同学科，也可能邀请校外人士参与，负责人更像一个'策展人'。"李蓓说，"教师要学习与外界互动，链接资源，努力学会做一个'善于借力'的教师。"

聚焦全科课程，鼓励教师跨界。李蓓表示，从"一心一意"的专业学习到"三心二意"的跨界学习，从平面铺陈的"学习菜单"到立体多元的"全科课程"，学校将教师发展的重心移植到了"全科课程"共创上：为未来而教，为未来准备。

"确实，这儿仅有18亩的土地，但它又何止18亩呢？"李蓓说。

任国权城乡一体化的教育实践①

你希望教你孩子的老师是什么样子，你就做什么样子的老师。

——任国权

任国权（左四）和孩子们在一起聊天。 丛志鹏 摄

小档案

任国权，吉林省长春市树勋小学校长，特级教师、国家级骨干教师、教育部"国培计划"专家库成员、全国优秀校长。

---

① 赵准胜：《任国权：城乡一体化的"棋子"》，载《中国教育报》，2018-06-13。收入本书时有改动。

"有一次，我在教室外面睡着了，他看到后叫醒我，摸着我的头说：'孩子啊，你怎么在这儿睡呢？'任校长是我的好朋友。"吕尚轩同学在日记里这样写到。"在教师们眼里，任校长睿智、坚定、执着、大气，心里时刻装着学校、教师和学生！"吴晓霞老师说。这位任校长叫任国权。2009年2月，作为长春市南关区促进义务教育均衡发展和城乡教育一体化的"第一枚棋子"，他被破格委派到幸福中心校主持工作。短短4年，这所濒临倒闭的农村校变成了长春市首批新优质校。随后，他担任树勋小学校长。借助大学区政策，打破校际壁垒，从帮扶到深入发展，一批薄弱校消失了，一批新优质校涌现出来……

细处着眼，村小孩子也自信

"那时候，但凡家庭条件好点的孩子，都择校走了。幸福中心校已不足200名学生，大部分是外来务工人员子女、留守儿童。"任国权说。6月10日，风和日丽，园艺师们正在修剪街道两旁的花草树木。在周围高楼大厦的衬托下，百年名校树勋小学愈发显得古朴而低调。谈起自己的办学经历，任国权时而凝神思考，时而娓娓道来："刚到幸福中心校时，看到农村娃特有的'苹果红'脸蛋、见到陌生人就躲躲闪闪充满畏惧与好奇的眼神，我心里就无法平静。"

经过几天的思索，任国权提出了"实施自信教育"的策略。在全体教师大会上，他动情地说："现在，我们首先能做的细节教育，就是号召和帮助家长，把孩子的个人卫生搞好。让孩子每天把小脸、小手、小耳朵、小脖子洗干净，把衣服穿整齐；让家长一周至少给孩子洗一次澡，半个月领孩子理一次发。"

在很多人看来司空见惯的做法，被任国权作为自信教育的主要内容来实施。他在教师会上讲，在家长会上讲，在升旗仪式上讲。每天早上，他站在校门口迎接学生，观察学生的变化。渐渐地，有的孩子走过他身边，展示自己干净的小手、整洁的衣服。个别还没有及时改变的孩子，则偷偷地避开。一天、两天，一周、两周，一个月、两个月……渐渐地，孩子们变了，变干净了、水灵了、整洁了，他们变美了！

在改变学生外表的同时，他还想办法改变学生的内在。他鼓励教师把孩子们带到公园、科技馆、博物馆等公共场所，请大学生走进校园和孩子们一起活动，目的是让孩子们敢于说话、主动表达、练就良好的心理素质。

针对教育教学中存在的各种问题，任国权提出了"育人无小事，无处不课堂""让孩子人人有特长""你希望教你孩子的老师是什么样子，你就做什么样子的老师"等教育主张。而且，他总是亲力亲为，深入课堂，深入学生活动中。

每年新生入学时，幸福中心校都组织面试。这种面试不是考量学生成绩优劣，而是对每个学生早期家庭教育情况进行摸底考察，以便教师及时指导家长树立正确的家庭教育观、做孩子的榜样。

随着孩子们的不断变化，这所农村小学焕发出勃勃生机。学校生源大幅度增加，现代化教学楼拔地而起。学校完成华丽转身，成为长春市首批新优质校。

打破壁垒，每个孩子都受益

2013 年 3 月，通过竞聘，任国权回到培养自己多年的树勋小学担任校长，同时成为树勋大学区的区长。

树勋小学是吉林省的一所窗口校，有着厚重的文化底蕴和丰富的办学经验。在延续学校"人才兴校、育人为本"理念的基础上，任国权提出了"学生自信、教师名优、家长幸福、课程生态、教学前沿、校园和谐"的发展愿景。"实施自信教育，成就自信少年，课程是关键。"他从课程理念的创新出发，把课程作为培养自信学生的关键一环。从"用美的教育，塑造美的人"到"让每一个孩子全面而有个性地成长"，再到"做适合于每一个孩子自信成长的教育"，树勋小学的课程理念在不断提升。

然而，当时的树勋大学区，除了龙头校树勋小学，其余几所学校规模都很小，还包括两所农村校。任国权把提升大学区教育质量的着力点放在教师培训上，提出教师发展要修身、修心、修德、修业、修境界的"五修论"，倡导学区内的教师进行交流互学，采取长期交流、短期交流、走教、选课等多种形式，派出副校长、主任、省市骨干教师到各个成员校任教，协助管理。从"学区教师专业共同体""学区教师认知学徒制"，到"学区教研协作体"；从"学区骨干捆绑交流"到"骨干教师交流321工程"；从以"创区域发展共同体，促进教师专业发展"作为大学区教师发展的研究课题，到依托大学区成立"任国权名校长工作室"……3年时间，一支师德高尚、业务精湛、境界高远的教师队伍逐步形成。

"刚提出教师交流时，真是处在两难境地：作为校长，学校的骨干力量都派出去了，教育教学工作怎么开展？从教师的角度讲，有人觉得这种交流是'不被重视'的结果，要脱离自己熟悉的环境1年、2年甚至更久，教师们的心里不踏实……"当时，即便处于那样的窘境，任国权仍乐观地劝说教师，这种交流将是未来的教育趋势，也是学校教师获得自我提升与发展的必经之路。

功夫不负有心人。2016年，大学区三所成员校均被评为长春市新优质校。不久，区教育局对树勋大学区进行了结构调整，调入两所村小，调出一所品牌校和一所新优质校，大学区工作迎来新一轮挑战。任国权通过分析各成员校现状，很快设计出多元发展的新一轮大学区发展方案，形成了"各美其美，美美与共"的树勋大学区发展态势。

成立联盟，积极引领共发展

在做好学校和大学区教育的同时，任国权始终抱着"多影响一所学校是一所学校，力争让更多的孩子受益"的教育理想，并付诸行动。

吉林省各地都留下了"树勋名师讲学团"的足迹。受树勋小学特色课程启发，松原市长岭县实验小学把独轮车项目引进校本课程；参考树勋小学的"长线课题、主导课题、个人小课题"经验，敦化市第二实验小学深入细化了教研工作；融合树勋文化，白城市镇赉县嘎什根乡学校提出了"耕读教育"，开始了基于乡土文化的校本课程开发……

通过广泛交流，树勋小学和通化市东昌区第二实验小学结成研修共同体。

"树勋小学带来的信息化展示，让我们对一直觉得高高在上的'翻转课堂'有了初步的了解。我们一定以树勋小学为榜样，积极学习他们先进的教育理念和教改经验。"通化市东昌区第二实验小学副校长郑丽娟说。而任国权却认为，两个学校的深度交流，加深了大家对教学的理解，拓展了研究领域，双方都获益！

"树勋名师讲学团"还经常到全国各地送讲座、做论坛、带新课、论科研，交流学校教育理念、办学实践与校园文化等。近 5 年来，作为教育部国培专家，任国权应邀为全国各地的校长、教师做讲座累计百场以上，他的教育专题"校长的困惑与思考""特级教师谈教学""实施自信教育，成就自信少年"等受到广泛赞誉。与此同时，全国各地的教育人纷纷走进树勋小学参观交流。

2017 年年初，在任国权的倡导下，来自全国各地的 30 多所学校正式成立"树勋 +"教育联盟，并逐步开展培训交流、远程互动、师生结对、资源共享、智慧教学等活动。2018 年 5 月，"树勋 +"教育联盟举办了一次以"聚焦核心素养、打造生态课堂"为主题的"区域教育协作——'树勋 +'联盟长岭行活动"。"在联盟校里，每个学校都有树勋的元素，每个学生脸上都洋溢着自信的笑容，这就是'树勋 +'教育联盟的力量。"公主岭市范家屯镇铁路小学校长高雪说。

"树勋小学本身不仅仅在输出，更多的是在收获。甭说学科教学对彼此有多少影响，单是各地的文化差异，就带给大家莫大的启示。因此，树勋小学作为联盟的核心，看到的多，学到的自然也多。"任国权说。

拿到新建校快速崛起密钥的
校长赵华①

开放应该是一所学校最自然的状态。只有开放，才有沟通；有了沟通，才有理解；有了理解，才有好的环境。

——赵华

赵华（左四）与女足小队员们进行课间交流。阳迎峰 摄

小档案

赵华，湖南省长沙市高新区金桥小学校长，湖南第一师范学院第二附属小学副校长，湖南师范大学校外导师，湖南省首批"未来教育家""教育家孵化"培养对象，曾获"全国阅读教育先进个人""长沙市名校长"等称号。

---

① 阳锡叶：《赵华：拿到新建校快速崛起密匙》，载《中国教育报》，2018-07-04。收入本书时有改动。

2018 年 6 月下旬，赵华被评为湖南省长沙市首批名校长。赵华自 2012 年起先后任教的长沙市高新区虹桥小学和金桥小学，前些年还都是名不见经传的新建学校。非名校的名校长，在长沙这批名校长当中，可以算是"异类"，正如能拿到新建校快速崛起密钥的人，也同样凤毛麟角一样。

互联共通　寻找办学中的新思维

"你可以把我们的社会看作一个互联网，把学校看作一个平台、一个终端，甚至一个 APP。"武汉大学新闻专业毕业的赵华说。身处一个互联共通的时代，校长在尊重教育规律办学的前提下，不能脱离这一背景，也不可忽略互联网时代的精神。

在赵华任校长的金桥小学，随处可见对信息化的精准利用：孩子在校表现，家长可上小程序查阅；教研资料，教师可随时共享……甚至期末考试，也借用了互联网理念，让孩子在游戏中过关斩将，游戏项目完结，考试也就结束。

在赵华看来，"真正的教育信息化，不仅仅要利用信息技术，还要准确把握互联网精神，深刻理解其理念内涵，让这种精神融入办学思路、方式乃至理念当中"。

赵华身体力行。她在与教师的理念分享中，就有"自媒体时代的我们——教师自品牌塑造建议"一课。她建议教师建立公众号、个人空间等自媒体，进行自品牌塑造。

实际上，赵华在办学中运用了互联网思维。她任校长的两所小学都是新建校，都比较薄弱。她提出，学校要用最独特的课程，成就来到学校的人。然而，作为建立才几年的新学校，独特课程怎么来？

"看看知乎、果壳这类网站，其中很多回答问题的都是普通人，但他们又是某一方面的专家。这就告诉我们：只要给予平台，每个人都是某一方面的专家，都是宝贵的资源。我们这么多教师，每个人都有自己的优势、特长，就看你怎么去挖掘。"赵华说。

赵华以校本研训为切入点，采取分层培养的方式，在专业能力、心理健康、教育理念、教学方法、师德师风等方面进行培训，让教师发现自己的优势进行专业发展，成为教学能手、育人标兵、心理导师、专业教练……

于是，教师不仅特长得到发挥，而且自身价值得到最大实现。李加林，一个痴迷书法的大男孩，开设了书法课，如今已是湖南省小有名气的青年书法家；刘心，带着孩子们开启了吟诵之旅，而今已成为古诗词吟诵方面的"网红"，出版了有声读物；中央美术学院毕业的曹思远，开设了"鼠标下的绘画世界"课，她所带的学生，作品屡获中小学生电脑制作比赛大奖……

融合共享　快速提升学校软实力

对于一所新建校来说，加强教师队伍建设是其由弱变强、实现跨越式发展的必选路径。但对于这些学校来说，经常面临的困境就是缺乏先进理念、缺乏名师引路和交流平台。如何让教师快速成长？"今天都在说传统媒体要与新媒体融合发展，而在办学中，老学校也要与新学校融合发展。"赵华说。

湖南第一师范学院第二附属小学已有110余年的历史，名师荟萃，人才辈出，毛泽东、任弼时、何叔衡、谢觉哉等一大批无产阶级革命家曾在这里工作、学习或从事革命活动，实为三湘百年名校。赵华作为该校副校长之所以来到长沙市高新区"支教"，实际上还有着更深的背景：2010年6月21日，高新区与湖南第一师范学院签订了教育合作协议，湖南第一师范学院及其2所附属小学与高新区虹桥小学进行了全方位的深度合作。

赵华作为派出校长，担负着合作办学、探索合作办学新路径的重任。这些年来，她也一直在思考，如何突破过去合作办学"两张皮"的现象，真正做到牵手、融合、共生。"赵校长是团队的导师，"金桥小学教师黎莹说，"自2012年起，她每学期开学第一课就是和我们分享理念。"

"作为校长，如果你的梦想没有成为所有教师的梦想，那你是孤单的。"在赵华心中，秉持共同的学校精神，与全校师生一起风雨兼程，"为教师搭建专业成长之桥，让大家享受育人的幸福，是作为校长义不容辞的责任。"

湖南第一师范学院第一附属小学培养了大批优秀教师，名师辈出。此外，赵华还认识大批专家。"我们不能让这批专家名师只在自己的校园里老去。"她说。

为此，赵华把"专家流动工作站"直接开到了金桥小学。一时间，金桥小学名师荟萃：中南大学教授肖云龙长期指导学校创客实验室建设；华南师范大学教授王红鼓励教师们凝练教育思想；特级教师王崧舟为教师展示诗意课堂；特级教师余宪每学期有两周的时间在学校推门听课辅导，零距离把脉教师的课堂教学……此外，还有湖南第一师范学院的教授、博士与各级各学科教研员等一大批专家学者，给予了学校强大的学术支持。赵华还充分利用湖南第一师范学院的平台，整合其两所附属小学的办学特色经验，构建交流互助式校本研训模式，让一批骨干教师到这两所学校进行跟岗学习。

现代学校建设需要从"特色"到"文化"，这是教育高位均衡的内涵。虹桥小学在学校文化建设的进程中，始终得到湖南第一师范学院及其附属小学的文化熏陶。这不是简单的复制，而是它们的文化因子经过接触、交融，最后内化为虹桥小学自身的文化的过程。例如，在虹桥小学可以看到第一附属小学书香文化的影子。同样，也可以看到第二附属小学家校文化的传承。近3年来，"虹桥亲子课程"风生水起，该校开展了"和文明有个约定""寻找春天""爱上博物馆""慰问抗战老兵"等亲子课程，志愿者联盟、家长督学走进学校，走近孩子。

开放合作　打造家校命运共同体

随着信息化社会的发展，教师与家长联系的方式变得多样化：家校互动平台、电话、短信、QQ、邮件、微信……在金桥小学，还有一个特别的举措——家校夜话。从2017年开始，金桥小学的家校夜话每学期开展4次，赵华亲自上课，而讲课的内容，都是家长向校长信箱"投递"的问题。只宣传，不动员，但听课的人数从最初的几十人逐渐增加到上百人。

"过去，我们把自己封闭起来，教师怎么教，学生怎么学，家长是很难了解的，只能凭自己的经验来评判，这造成了很多家校矛盾。"赵华说，"如今层出不穷的家校矛盾的新闻，实际上在告诉我们，应该反思我们的办学思维——互联网时代，封闭起来办学是不行的，必须与家长形成良性互动，让家长真正了解教育和学校。"她告诉记者，自己的手机号码全校公开，每一个家长都知道。"开放应该是一所学校最自然的状态。只有开放，才有沟通；有了沟通，才有理解；有了理解，才有好的环境。"

为此，金桥小学的家校夜话开设了三大课程，且课程由学校安排，从不收取一分钱：一是家校关系课程，通过家长委员会、家长义工、家长课堂平台，把家长请进学校，在互动交流中，启发家长认同学校理念，配合学校工作，共同培养学生。二是家庭亲子课程，每年3月，学校会确定一个独具特色的主题，全校各班分成5到6个小组开展活动，要求父母陪同孩子一起参与。三是家庭学习课程，学校通过学习型家庭评比、开放家长学校图书馆、家校夜话等活动，提高家长家庭教育的能力。

在金桥小学，人们会发现，白天有孩子上学，周末、晚上有社区居民上课。而学校这样做，传达的声音只有一个："金桥小学不仅是教师学生们的学校，也是社区居民自己的学校，每个人都要爱护金桥小学！"而在虹桥小学，学校建立了一个由学生、教师、家长、社区工作人员组成的志愿者联盟。孩子和家长以及社区居民在服务与被服务之间转换着角色，体验着志愿者精神，使之形成一种文化。

虹桥小学还引入家长督学制，探索开门办学的新途径：学校校级家长委员会与志愿者联盟中的街道社区的主要领导，共同构成虹桥小学的督学委员会。家长督学可以参与学校的管理及课程的建设，监督学校办学规范与评价机制；家长督学可以走进学校，和校行政部门沟通交流，可以进教室与孩子们一起听课，可以走进食堂和孩子们一起就餐，可以巡视校园，参与学校的义务劳动。现在，无论是虹桥小学还是金桥小学，困扰很多学校的家校关系紧张难题都很少出现……

在乡村深扎教育之根的校长
薛法根①

我的名字当中有个"根",我想成为一棵树,而不是一只鸟飞来飞去。所以30年来,我一直在农村学校工作。

——薛法根

薛法根在图书室里看书。陈宇豪 摄

小档案

薛法根,江苏省苏州市吴江区桃源镇人。现任江苏省苏州市吴江区盛泽实验小学教育集团总校长、程开甲小学校长。1988年从教以来,致力于小学语文组块教学研究,成为苏派教学的代表人物。被评为全国模范教师、2007年度全国小语年度人物、江苏省优秀教育工作者、江苏省首届名教师。

① 孙其华、缪志聪:《薛法根:在乡村深扎教育之根》,载《中国教育报》,2018-10-17。收入本书时有改动。

"我的名字当中有个'根'，我想成为一棵树，而不是一只鸟飞来飞去。所以30年来，我一直在农村学校工作。"2018年9月5日，在国务院新闻办举行的"与教育改革发展同行"中外记者见面会上，薛法根这样介绍自己。

2018年暑假，穿过盛泽镇边的小道，记者见到了50岁的薛法根。他所在的江苏省苏州市吴江区盛泽实验小学，如今已有4个校区，不再是曾经的"弄堂小学"。

10年，20年，薛法根人生的两个跨度都留在了盛泽镇的课堂。"每个人的发展都有无限的潜能，教育就是为孩子提供一个现实的可能性，让智慧不断地生长出来。"薛法根说，自己做了这么多年的乡镇教师、校长，没离开过盛泽，在这片土地上生长的智慧不仅给了学生，也给了自己。

"严"里当教师 弄堂小学走出特级教师

生命的轨迹往往不是自己做主的。1988年毕业分配时，就是这个"弄堂小学"的校长姚荣荣，点名要了薛法根。可他当时不想去，学校都开学3天了，他还没上班。后来，经过父亲劝说，他才到了学校。

因为开学工作会已开过，全校就他一人没分到任务，全校只剩三（1）班的语文教师及班主任的岗位空着。薛法根职业生涯的第一个角色，就是青年语文教师兼班主任。

回忆起这段时光，薛法根非常怀念。他说，一个教师的成长，与任教的第一所学校密切关联。当时的弄堂小学，氛围很好，校长家离学校最近，每天下班校长都催着教师回家，可是教师都不走，特别敬业。

"我年轻坐不住，但是不好意思走。坐啊坐啊，性子就耐住了，敬业就被感染出来了。"薛法根在职业生涯开端就非常认真。后来换了一任校长，叫钟金泉，把所有与教学相关的事情放手给了"青年才俊"薛法根。

有了这样好的氛围，薛法根成长很快，但离"名师"总还少了些什么。1994年，他参加苏州市首届小学语文、数学骨干教师高级研修班，遇到了江苏省首批特级教师庄杏珍，一切都变得不一样了。"真的是一位十分严厉的老太太。"薛法根说。在语文教学上，庄老师让他真正知道了什么叫"严以修身"。

在庄老师家，磨课磨一天是常态，一些他本来不以为意的小细节，老太太也不放过。"一篇课文，她能为你解读两三个小时，然后再让你从别的角度解读几个小时。"

有一次，薛法根要上示范课。上课前一天，庄老师对薛法根备课中的一个小环节不满意，从当天晚上改到第二天凌晨两点多，薛法根的教案才算过了关。像这样精准的"外科手术"，让薛法根飞速成长。这段从师的经历，被薛法根称为"刮骨疗伤"。

1998年，他以"弄堂小学"走出的江苏省最年轻的特级教师闻名全国，当时他年仅30岁。"我首先是一个教师，应该把自己教师分内的事情做好，因为这是一辈子的事，这是和我生命息息相关的事业。"薛法根说，自己当了几十年教师，就三条原则：起点要低，要求要严，最重要的是坚持不懈。

"没有哪个教师不严却能够教出好学生。"在薛法根的班上，只要教3年，孩子的字要跟他一样好。作业，15分钟写100个字，必须写完。没写完，重新写，一直到15分钟写完为止。"人的潜能，一定是在习惯下养成的。你不严格，孩子会养成做作业拖拉的习惯。"

对教师，薛法根也是相当严格的。有的教师张口就提问题，一堂课能问近70个问题，有的问题毫无价值。薛法根当场评课，直接指出问题，有的教师被批到哭。"一定要让他终生难忘，真正触动他，让教师认识到问题的严重性。脱胎换骨是很痛苦的，你不严格有些教师就是上不去。"

"什么叫严格？教育一定是有原则的。比如，上课一定要真实，学生要真学。在真实的教与学中，可遇不可求的东西太多了。"薛法根说。

"高"里拔团队 乡镇教育的一盏灯

在薛法根的影响下，这个乡镇小学继薛法根之后又诞生了3名语文特级教师、1名美术特级教师。"我们学校的特级教师都是自己培养的，对于一个乡镇小学，我觉得还可以。"薛法根提起自己的团队，自豪感溢于言表。

对于教师的成长，薛法根一直有这样一个观点："教师跟中医一样，一定要师徒相授"，很多东西只能通过现场教，一点点地教。

"一个教师会不会上课、水平怎么样，可能就在一点点细节里，而这些细节和技巧只能通过现场的点拨，点两点、点三点，慢慢地积累。"薛法根说，"教育有很多技巧，一个好的师傅，可以让徒弟少走很多弯路。"因此，多年来，薛法根一直坚持去听教师的课，也经常让教师听他的课。

"薛法根关注每一个教师的成长，总在关键时候点拨一下，拉一把。"盛泽实验小学教育集团副总校长沈玉芬说，在学校，只要被他听过3次课以上的教师，都会获得"加速"成长。

但名师的成长，除了上好课，还得做教研。"薛校长对我们的要求比较高，他提出8个字：心态积极、马上行动。什么事都要立竿见影、雷厉风行，趁早做，要做就做最好的，标准和要求都比较高。"副校长张觉说。

为了"拔高"教师的研究能力，薛法根还着实下了不少"呆功夫"。"这个暑假，他还在盯着十多个教师写专著。"周菊芳是程开甲小学副校长，也是一名语文教师。她告诉记者，薛校长不管走到哪里，包里都会带着教师的课题。"现在校区多了，有一阵子教师比较忙，薛校长就自己跑到教师办公室去跟他们聊论文，一个个过关。"

"每个教师都是有思想的，都有可能成为名师。"这是薛法根对教师的信心和认识。很多教师说："在这个地方真的能够学到东西。例如，上一节课，感到比较迷茫的时候，很多教师会来听课、评课、提出建议，学校有很浓厚的专业成长氛围和土壤。"

这样的学校，自然而然就成为教师"向往的地方"。这么多年，他的核心团队、特级教师没有一个跳槽的。薛法根自己有好多次被外地学校高薪聘为校长、到市里当领导、到大城市当教师的机会，他都没有离开。

"在盛泽实验小学做教育教学实验，不是我一个人在做，而是一群人在做。"他解释说，"近几年一下评上了好几位特级教师，就是因为学校已经处在了竹子钻出地面的阶段，没有这样一个群体，哪有这么多好教师冒出来。"

"真"里做教育 站在儿童立场办学校

薛法根觉得，一个好的学校环境，对教师来讲很重要，对孩子来讲也很重要，这里有他们最美好的童年生活。薛法根把学校的建设当作课程来做，"一所学校就是一门课程"。

"学校一定要好玩。"程开甲小学刚开始建的时候，薛法根就想好了如何建设：要铺设一个人工草坪，让孩子们打滚；要建开放式的展厅，让学生和家长随时都看到学校的文化；还要养一些多肉植物……

盛泽镇镇南原来是工业区，薛法根做了很多工作，一口气征下50亩地，做公园、竹林、迷你太湖、农田，让那里变成最美的乡村学校。"农村的孩子有幸福感，就会让你觉得在这里是值得的，这就是校长的责任。"薛法根说。

做了校长的薛法根，在"做"教育。五六年前，盛泽实验小学是江苏省青少年健康监测单位之一。有一年，医院经过检测，发现孩子们的肥胖率是26.3%，近视率为69%，龋齿率也比较高，3个指标把薛法根惊到了。他优先解决健康问题，几年后过高的指标都降下来了，他又开始关注心理健康。在两年时间里，学校花了30多万元，让每个教师都学习心理课程，学会与孩子沟通。通过两年的努力，学校有78名教师拿到心理健康教育上岗证。

在薛法根的学校，教师很少对孩子们进行说教式教育。他觉得，重要的是要教会孩子们待人真诚，"做真人"。这些年，他在全校推行"伙伴德育"，还推行"探索与发现课程"，让孩子们与真实的学习环境互动、探索，求得真知。

薛法根曾经带过一个毕业班，班上一个叫小靓的女生被老师看作"老大难"，语文成绩从来没及格过。但薛法根坚信每个智力正常的孩子都可以及格。于是，他在课堂上常常不经意间走到小靓身边，或轻声耳语，或提示要点……

放学后，他又常常陪着小靓读课文。终于，在老师和同学们的惊讶中，小靓真的"靓"起来了，以语文"合格"的成绩小学毕业。

"我的管理立场一定是站在儿童的立场上，目前学校行政班子都是业务型的，都是学科带头人。"薛法根说，一个校长首先是一个好教师，真正从教育规律去思考问题，去设计学校的规划。

在薛法根的眼里，好的教育，应该让人感受不到在受教育，"如果一个人坐在这里，感受到有人在教育他，这绝对不是好的教育"。

这几年，薛法根想得最多的都是这样的"小事"。"这两天，我让教师在学校的地里撒了点菜籽，等开学时有了小白菜，学生可以摘了拿去食堂炒着吃。"薛法根说，"教育就是个慢功夫。"

"阳光校长"张洁的快乐教育①

珍惜孩子们的每一个"唯一",尊重每个孩子的每一次成长。

——张洁

她在丛中笑。图片正中为校长张洁。迟海洋 摄

小档案

张洁,吉林省辽源市龙山区多寿路小学校长,特级教师,"校长国培计划"——卓越校长领航工程中小学名校长领航班成员,全国优秀小学校长。吉林省首批名校长工作室主持人,吉林省首批杰出校长,吉林省拔尖创新人才,吉林省五一劳动奖章获得者,吉林省职业道德建设标兵。

---

① 赵准胜、刘文彧:《张洁:阳光校长,快乐教育》,载《中国教育报》,2018-10-24。收入本书时有改动。

　　"咱们的阳光校长真好！"一次偶然的机会，吉林省辽源市多寿路小学的几位教师这样聊起他们的校长张洁。从此，"阳光校长"这个称呼便在校园内叫开了。在大家眼里，张洁性格开朗，不论工作多苦多累，总是一脸阳光，与人交流从来都是面带微笑，兴致盎然。自2006年任校长以来，她始终以"快乐教育，和谐发展"为办学理念，坚持让学生在平等、尊重的教育氛围中快乐成长，让每位教师在自身价值实现的过程中快乐发展，让这所拥有百余年历史的当地名校焕发出无限生机与活力。

关注孩子的感受

　　"早上好啊！""慢点走，不要跑！""宝贝儿再见！""明天见！"……这样一句句温馨的问候，每天都会飘荡在多寿路小学的校门口。早上上学和晚上放学，孩子们从张洁身边走过时，都会听到她亲切的问候，看到她灿烂的笑容，感受到她慈母般的呵护。

　　每个孩子都是快乐的天使。然而，现实往往对个别孩子不那么公平。张洁还在春阳路小学任校长时，有个小女孩的入学报名表引起了她的注意——小女孩的父母离异后都没有了消息，她只能和爷爷奶奶靠低保维持生活，后来爷爷重病卧床。于是，张洁默默承担了小女孩学习上的所有花销。

　　女孩子的遭遇给了张洁一个启示：学校必须关注每一个孩子，而关注每一个孩子，就要抓住每一个细节。学生不会认识全校所有教师，尤其是一年级的孩子，但他们有可能认识校长。因此，张洁就想给每一个孩子一个信号——每天早上，你熟悉的朋友在这里迎接你，等待你的到来。"面对陌生的环境，他们很容易焦虑。我每天早上在校门口迎接他们，跟他们问好，放学跟他们说再见，就是想让他们适应新环境，感受到学校的温暖。"

　　因此，只要不出差，上学时间和放学时间，张洁校长都按时站在校门口，无论严寒酷暑，无论刮风下雨。有一年冬天，天气格外冷，张洁站在校门口送学生，有同事递一副手套让她戴上，可她拒绝说："有的孩子走过来与我击掌说'再见'，我戴上手套孩子们就感觉不到温暖和力量，感觉不到心贴心的情谊……"

张洁常说，孩子第一次走入校门的那一天，就要给他（她）埋下一粒快乐学习的种子。校长弯腰认真地跟孩子打招呼，就是一种言传身教，让孩子们养成有礼貌的好习惯。同时，在这个过程中，也让他们收获满满的爱。

尊重学生的成长

毕业前夕，多寿路小学为每一个毕业的孩子发放毕业证书和梦想起航卡。张洁校长会亲自在毕业证书和学校印发的梦想起航卡上写下每个毕业生的名字，并亲自将其发到每个孩子的手中，与每个毕业生合照、拥抱，向每个毕业生还礼。

在张洁校长看来，学校给孩子们的不仅是毕业证书，也不仅是一份梦想起航的祝福，更是一份希望，一份责任，一份寄予民族担当的厚望！

2018 年，多寿路小学有 600 个毕业生，张洁写了 600 张梦想起航卡。毕业典礼上，600 张梦想起航卡，600 次鞠躬还礼，600 句殷殷期望，承载着学校对 600 个毕业生无限的祝福！一张张小脸紧张兴奋，一双双因激动幸福而颤抖的小手接过证书，一颗颗童心感受母校的殷殷期望！"张校长把毕业证送到我手里，还亲切地拥抱我，我好高兴啊！"毕业生周禹桐同学说。

有人问："张校长，这样给毕业生颁发证书你不累吗？"张洁回答道："是有点累，但值得啊！表面看起来，我重复了 600 次同样的动作，但对于每个孩子来说，这是他（她）唯一的一次。而且我与每个孩子此刻的机缘，这样的目光对视，这样的心手相连，对于每个人都是唯一的一次。我们能为孩子们做的就是珍惜他们的每一个'唯一'，尊重每个孩子的每一次成长！"

张洁校长还经常在全校学生面前为每个获奖的孩子颁发获奖证书，而且再忙再累，也要一个一个发。她认为，孩子们走到台前，在师生面前接过校长亲自颁发的证书，留下的不只是一时的激动，更是一生的感动，一生的回忆，一生的正能量。而对那些站在台下为他们鼓掌的孩子来说，也是一种鼓舞和鞭策，培养了他们"心中有他人，真心为别人喝彩"的良好品质，同时也给所有的孩子一种成长力量和成长期待。

给孩子最真的教育、最高的尊重、最美的回忆、最快乐的起航，是张洁提出快乐教育、实施快乐教育的根本。

做好背后的观众

多寿路小学有一个惯例，就是在师生观看节目时，领导和老师的座位一定是在学生的后面。开会的时候，如果学生是站着的，领导和老师也一并站着。

形成这样的惯例源于多年前的一件事。有一天，学校举行呼啦圈表演赛，需要全校师生都到操场上参与活动。张洁到时，主席台的桌椅已经摆好。她便问负责活动的老师："表演的学生面向哪里？"老师迅速回答道："当然是主席台啊！"张洁又问："那就是说，所有同学都只能看表演者的背影了吧？"这位老师才明白她的意思。话音未落，张洁搬起一张桌子就往台下走，其他几位领导也分别搬起桌椅跟在后面。她把桌子放到了学生队伍的后面，回过身跟大家说："这样就好了，我们和学生一个方向，而且又不遮挡他们的视线。我想，只要受益的是学生，方便的是学生，就是最合适的。以后就让我们做孩子身后的观众吧！"

还有一次，在一年一度的"家长开放日"古诗词诵读汇报活动中，当进行到第五个节目时，主持人报完节目，一个班级的孩子们快速到达指定位置站好，可是节目却迟迟没有开始。正当大家面面相觑的时候，只见一名行动迟缓、站立困难的学生被4个同学搀扶着慢慢走上台来，在最中间位置的凳子上坐下来并打开手中的道具后，演出才随着美妙的乐曲开始……台下的很多家长含泪看完了这个节目。

其实，早在演出之前，这个班的班主任迟雪松老师就找过张洁：因为班上的这名学生幼时患过脊髓灰质炎，留下后遗症，行动不便，平日里都需要同学们扶着他出入，这么大的场合，还要登台，迟老师不敢做主。"你怎么想的？"张洁问。迟老师说："我觉得可能会慢一些，但孩子很想上台，大家站着，他可以坐着，这样的集体活动不应该缺席啊。""迟老师，你这么想我太高兴了！"张洁激动地说。

成就快乐的校园

"报到那天，和张洁校长见面时，我竟然语无伦次了。"3年前，刚刚来到多寿路小学担任副校长的赵丹有很多顾虑：张洁校长的理念自己能跟得上吗？她能接纳自己吗？但那天，张洁就像大姐姐那样亲切地说："赵丹，你不用紧张，不要有顾虑，欢迎你来到多寿路小学，我保证你在这里工作的每一天都会很快乐！"在以后的日子里，张洁的快乐教育理念、个性开放的管理方式，时刻影响着赵丹，使她在多寿路小学得到快速成长，在2017年获得了"辽源市十大杰出青年"的殊荣。

2018年新年联欢会，张洁照例给过本命年的老师准备了礼物。捧着校长的新年礼物——毛茸茸的"小狗"，10名老师个个心里乐开了花。

这时，主持人走上台对张洁说："每年您个人都给我们过本命年的老师买礼物，今年也是您的本命年，我们全校老师也给您准备了小礼物，请您配合一下。"随后，一名老师走过来把张洁的眼睛蒙住，另一名老师给她穿上了一件红色T恤衫，上面是全校百余名教师的签名。T恤上还印着多寿路小学的校花"太阳花"和一张全体教师的合影，照片四周是张洁提出的教师成长座右铭："心怀美好，善良阳光，正直大气，快乐健康"16个大字。打开蒙眼布的那一刻，"阳光校长"张洁热泪盈眶……

张洁是孩子们口中的张妈妈，更是老师们的主心骨。她身体力行、以身作则，老师们都看在眼里，记在心中。在张洁的带领下，学校如同一个温馨的大家庭，有温情的环境，有温情的校长和温情的老师。在多寿路小学，每个孩子都是快乐的天使：孩子们在"校园吉尼斯"活动中，秀出自信；在"种植养殖"

体验中，感悟成长；在"环保卫士"行动中，体会责任担当……

"'用6年影响一生，让童年奠基未来'，这是我们全体教师的行动指南！"张洁校长说。

勤奋树人，书香育人：李树花的办学实践①

当老师要当好老师，做校长就要做好校长。

干一天，干好一天；做一样，做好一样。

——李树花

工作中的李树花

小档案

李树花，南开大学附属小学校长，南开大学基础教育管理中心负责人，天津市特级教师。天津市基础教育未来教育家培养工程首批培养对象，天津市基础教育未来教育家培养工程指导教师。天津市五一劳动奖章获得者。

----

① 陈欣然：《李树花：勤奋树人静待花开》，载《中国教育报》，2019-04-24。收入本书时有改动。

楼道内就有钢琴，实验室、自习室、操场不设限开放，图书遍布在学生抬手就能拿到的书架上……在南开大学附属小学（下文简称"附小"）、天津南开日新国际学校，小学生浸润在这样的环境之中。这两所学校一脉同源，都是南开系列学校中的成员，而两校的"掌门人"，就是南开大学基础教育管理中心主任、现年53岁的李树花。

2007年，李树花出任附小校长。10年后，南开大学、天津市南开区政府、南开大学教育基金会支持的九年一贯制的公益民办校日新国际学校成立，带着对教育梦想的追求和满足更多孩子对优质教育资源需求的责任，李树花一肩担两责。

"南开是教育界的品牌，'南开出品，必属精品'。附小和日新国际学校，也应当成为基础教育的品牌，办出优质的公办校和特色的民办校。"李树花常这样说。

重教学质量，让师生共同成长

一摞一摞的作业本、卷子、教师的教案……日新国际学校会议室的长桌上，堆满了这些材料。记者见到李树花时，她正一个人埋头抽检这些收上来的"作业"。干净利落而富有激情，是她给记者留下的第一印象。

"教学是一所学校最重要的工作，教学质量是学校的生命线。"教师出身的李树花，将课堂教学质量提升与师资队伍建设视为学校发展的重中之重。自上任以来，李树花把浸润式学校课程建设、创意课堂的研究和ICD ["I Can Do（我能行）"英文缩写] 学校自评系统的建立作为工作的重点，并形成了学校经验，在市区内进行推广。她坚持深入课堂，以随机"听课"的形式了解学校师资队伍现状和学生的精神面貌。

在学校，教师经常聚在一起为某一教学方案展开热烈的讨论，积极大胆尝试不同的教学方法。李树花走进课堂的举措，对任课教师起到了正面的激励作用，这促使各教研组形成浓厚的教研氛围。

李树花同样注重为教师搭建成长平台，通过开展行之有效的培训，提高两所学校教师的专业水平。她鼓励有经验的教师与青年教师结对子，一同备课；她时常向青年教师传授教学经验，以自己优秀的教学方法"辐射"青年教师；她鼓励青年教师打开思路，探索学生喜闻乐见的教学方式。她的这些举措为整个教师团队注入了源头活水。

"不论是年长教师，还是年轻教师，只有好的教师才能教出好的学生。而对于基础教育的教师来讲，最重要的就是爱心和敬业心。"李树花这样认为。

在多年办学经验的探索中，附小逐渐形成了"以国家课程为标准的基础类课程""对国家课程深入探究整合而成的拓展类课程"和"以本校学生特点为主导的实践类课程"体系，其宗旨就是在通识教育的基础上实现特色化教育。

附小和日新国际学校的定位分别是"优质的公办校"和"特色的民办校"，但在经验做法上互通有无。2017年日新国际学校招收第一批学生以来，迅速将附小在教学和课程方面的经验贯彻并加以创新。在中小衔接这个业内关注的热点课题上，日新国际学校在"减负"的大背景下，积极探索提升初中生学业质量水平、促进学生全面发展的有效路径。

"我们的'小蜜蜂课堂'，我们的'公能微讲堂'，都是师生自己探索出的课堂教学的优秀模式，学生非常喜欢走上讲台分享自己的所学所思。"

"基于'植根本土、放眼国际'的理念，我们成立了不同语种的社团，还致力于推广外语类实践课。比如，我们带学生去五大道、故宫等地方，让学生现场用英语、日语、西班牙语、俄语、德语等为外国游客进行讲解……"

说起课程和教学，李树花滔滔不绝："日新国际学校探索出的好的做法，我们也会在附小推广实践，促进两所学校共同进步。"

浸润式教育，让学生热爱学校

在附小，取代图书馆的是教学楼每一层设置的"阳光书吧"和"班级图书角"。学生借书、还书不设时间限制，不用凭证件登记。在李树花看来，让学生随手就能拿到书、随时随地就能看到书、浸润在"书香"氛围之中是培养学生阅读习惯的最好方法。

"起初我们没有专门的场地建一座图书馆，后来想出了这样的办法，化整为零，没想到效果反而更好。"李树花说，学生在学校的时间通常比较紧张，如果为了借阅一本书而特意走到专门的图书馆或图书室，再办理烦琐的手续，这无疑提高了学生阅读的门槛。

"阳光书吧"的图书设专人管理，定期清点、整理。如有长期未归还的图书，管理人员会通过学校小广播提醒学生及时归还；如果有图书破损情况，也会通过小广播发出"温馨提示"，请借阅了该图书的学生在方便的时间修补好图书。

"这就又探索出学生自我教育、自我管理的一条途径，是一种润物无声的德育方式。"李树花说。

有了附小"浸润式"阅读的经验，2017年日新国际学校落成时，尽管校舍宽敞，但也依然延续了"阳光书吧"的做法。同时，在学校的"公能微讲堂"，学生可以分享心得，既锻炼表达能力，又促进朋辈间相互学习。

受到南开大学精彩社团活动的影响，两所小学的社团活动也丰富多彩。机器人协会、3D打印社、木工坊……学生的各种兴趣都能在社团里得到满足。"中小学是培养综合素质的阶段，我希望争取到各种资源，让学生涉猎更多知识。"在李树花看来，对学生的教育不应该只停留在课堂上，学生在学校里的每一分钟都应受到"浸润"。

"校长，放学后我们想在操场上玩一会儿再回家，可以吗？""校长，我周末想到学校来看书，可以吗？"

面对学生提出的"小要求"，李树花一一满足，逐渐形成了如今的校园氛围：操场在下午5点放学后仍然对学生开放，教师主动留下陪伴学生开展各种活动，实验室、自习室在周末也欢迎学生来使用……在校友的资助下，李树花在教学楼的楼道里摆放了几台钢琴，时有琴声飘荡在校园里。

李树花认为非常值得："一所学校，只有以开放包容的态度对待学生，让他们自由地成长，他们才能够更加自信和自律。"

"折腾"的校长，让未来充满希望

在教师和家长的眼中，李树花"雷厉风行""能折腾""从不嫌麻烦"。

每天往返于两校之间，坚持走进教室随机听课，坚持抽检各个年级、班级作业和教师的教案……尽管两鬓已经染上风霜，李树花却丝毫没有停止"折腾"的意思。2018 年年底，在多方推动和共同努力之下，李树花代表南开大学基础教育管理中心与昆明市官渡区教育局签署了合作协议，"南开日新国际（云南）学校"项目启动。

在李树花眼中，附小和日新国际学校的教师无论是教学理念、教学基本功，还是对课堂的驾驭能力和对学生能力培养的意识，在天津市都是领先的；学生在课堂上敢于发表见解，语言表达能力、思维能力和反应能力都表现出优秀的气质；同时，学校还有一支可以信赖、依靠的家长团队，学校的各项活动和决定，家长们都积极支持。学校的整体运转良性循环。

"想当年，我的学生喜欢上我的课，他们的语文学科成绩很出色。家长非常信任我这个年轻的教师，这让我觉得做教师是件幸福的事。"教师出身的李树花也会偶尔提起当年的"辉煌战绩"。学生从入校时的"娃娃"，到毕业时走出校园长成"大姑娘""小伙子"，是李树花最有成就感的事。

尽管留恋冲在一线的教学生涯，但李树花也明白：作为校长，要考虑更多、承担更多。

对于未来，李树花还有太多的想法：她致力于推动日新国际学校申请国际文凭学校认证，真正实现和国际舞台的无缝对接；她希望在义务教育阶段的两端各自延伸一步，成立学前教育部和高中部，这样南开大学基础教育系列教育品牌就能形成完整体系……

　　为了实现诸多梦想，李树花以"只争朝夕"的态度对待每一天的工作。"当老师要当好老师，做校长就要做好校长。干一天，干好一天；做一样，做好一样。当你离开这个岗位时，你会很自信。"李树花这样说。

坚持"守正出新　联袂而往"的校长华联[①]

拥抱未来，在今天的课堂培养明天祖国需要的人才。

——华联

华联为一年级中队授中队旗。刘维 摄

小档案

华联，天津市南开区中营小学党总支书记、校长，高级教师。南开区名校长、高级校长，天津师范大学初等教育学院硕士生指导教师，天津市中小学"未来教育家奠基工程"学员，第七期、第五十二期全国小学校长高级研修班学员。全国德育科研先进个人，天津市优秀教师、天津市新长征突击手。

① 徐德明：《华联：不负芳华　联袂而往》，载《中国教育报》，2019-05-08。收入本书时有改动。

早上 7 点，天津市南开区中营小学校长华联一如既往地坐在办公桌前凝眸思考。

做校长多年，他还养成很多习惯：每天保证听两节课，找一位教师谈话，找两名学生了解情况。华联是一位从教师堆里成长起来的校长，从教 30 余年，先后担任班主任、大队辅导员、教务主任、党务人事干部、教育教学副校长、校长、书记等职务。无论是当"兵"，还是为"帅"，他始终对知识充满渴望、对教育不懈求索。

在华联的办公桌上，整齐地摆放着各类文件和他近期正在读的几本书。合上手中的书，华联和记者聊了起来："做校长首先要善于读书，只有静心读书、安心读书，才能让教育实践经验找到理论的依托和归宿……我喜欢的书，有时不止看一遍，最多的一本读了七遍。"

以德立身，做服务者

"学校的发展和教师的成长远比校长个人的功绩重要得多。"这是华联常讲的一句话。

南开区咸阳路小学是华联起步的地方。2003 年，华联初当校长，是南开区比较年轻的校长。

华联常说："教师问题无小事。"华联这样说，也是这样做的，每位教师的细小变化都躲不过他敏锐的眼睛。一次，华联在与一名教师谈话时，发现她面带疲倦，提不起精神。当华联了解到这位教师家中老人患了重症，她既要工作又要在医院陪伴老人时，二话没说，主动承担起她一半的课时量，并多次到医院看望老人。

像这样的例子，能举出"一箩筐"。无论哪位教师遇到困难，华联总是第一个伸出援手。曾有一名教师到医院接受"会诊"治疗，当大夫询问家属怎么没来时，这名爱人出差的教师十分尴尬。闻讯赶到的华联出现在大夫面前，谦和地对大夫说："我就是她的家属。"

"没有为人之德，何来为官之德？何况校长从来不是官，而是服务者。"华联说。他进一步解释，单靠制度管人，会越管越死，限制人的发展。因此，要在加强制度管理的同时，注入大量的甚至超过执行制度的人文关怀，用感情去温暖人。制度建设是有形的，而人文关怀是无形的。只有将有形与无形相结合，才能调动教师的积极性，成就教师的发展。

坚守传统，立足当下

身为校长，华联总能基于学校自身特点，提出切合实际的特色发展目标。华联曾经使一所基础薄弱校步入市级先进校的行列，而无论走到哪里，"守住过去的传统，办出今天的味道"又是华联始终在做的事。

南开区五马路小学是老牌的"全国劳动教育先进校"，从1985年开始一直坚持开展劳动教育。中央教科所（现为中国教育科学研究院）原副所长滕纯曾评价该校是"劳动教育先锋"。

华联到任没多久，就聘请劳动模范作为校外劳技教师，逐步把学校的劳动教育推向新的高度。华联打造了"小手拉大手，我们一起走"互帮互助的校内劳动基地、"与父母共建美好家园"的家庭劳动基地和"同在蓝天下，共享幸福"的社会劳动基地……学校也因此被评为"全国劳动教育特色学校"。

2012年7月，华联被派往南开区中营小学任校长。这次，华联接手的是一所创办于1906年的百年老校，著名内分泌专家朱宪彝、杰出戏剧家焦菊隐、广东省委原第一书记任仲夷、著名书法家龚望、著名画家杜滋龄、著名艺术家郭法曾等曾在这里就读。

"接棒"后，华联深挖并赋予"勤、朴、敏、健"四字校训新的文化内涵，同时结合中营小学自1964年传承开展的学雷锋活动，提出了"学雷锋教育系列化，学雷锋课程校本化，学雷锋活动常态化"的思路。通过知雷锋、忆雷锋、找雷锋、悟雷锋、赞雷锋、做雷锋，学校将雷锋精神教育真正落到实处。

如今，中营小学的校训已成为该校全面育人的"辐射源"和素质教育的

"能量库"，也是一部无声的"教科书"。一个个"小雷锋"在中营小学的校园成长，同时涌现出一大批雷锋式的先进集体和模范人物，学校也被授予"全国百所德育示范校"等殊荣。

课堂创新，培养名师

"教学是一门慢的艺术，需要学生主动参与，静心思考，时常温习。"每次听课后，华联都会这样叮嘱教师。

在华联看来，在 40 分钟的课堂时间里，教师要尊重学生的认知规律，把握课堂教学的进程，依据课堂中出现的各种状况及时采取相关教学策略，补充、删减、调整教学内容。"在学生质疑处慢下来，在学生出错处慢下来，在学生分享处慢下来。"华联反复强调。

一次，华联听了四年级语文教师执教的《记金华的双龙洞》一课。学生在读到"山上开满了映山红，无论花朵和叶子，都比盆栽的杜鹃显得有精神"时，情不自禁地举手提问：老师，"映山红"不就是"杜鹃"吗？

课堂上，教师肯定了这个爱读书的学生，而后放慢了教学进程，在教学预设中临时决定增加一个环节：请同学都来读一读，叶圣陶老爷爷为什么说"山上开满了映山红"而不是"盆栽的杜鹃"呢？

教师的课"生成"得精彩，华联的点评更为精妙。

"学生喜欢质疑，更喜欢解疑。"华联在点评中说，一次出人意料的质疑，却在师生一遍又一遍的静心读书中释疑了。"杜鹃"因生长在野外，漫山遍野，把整座山都映得红彤彤，故得名"映山红"。品读文字，文与景便融合在一起。

校长带头"泡"在课堂上，其他干部和教师自然也沉浸其中。"百年中营，在建成'大楼'的同时，没有一日忽视'大师扩建'。"华联一直在做这件事。

"近年来，中营小学逐步形成了梯次型、多维度、集约化的教师队伍培养体系。'80 后'教师王振刚被评为全国模范教师、全国中小学优秀班主任；'90后'教师马千千连续两年荣获全国英语教师基本功大赛一等奖第一名……"谈起中营小学的"新生力量",华联喜不自禁。

面向未来,信息引领

采访时,记者留意到,52 岁的华联,打字速度极快,而且使用的是五笔字型输入法。即使不认识的汉字,他也能熟练地拆解成字根并输入。

"从 1991 年开始学习五笔字型输入法,使用至今快 30 年了!"华联谦虚地说,现在打字速度早已不如从前,最快时可达每分钟 120 字。

正是从那时起,华联对现代教学技术手段产生了浓厚兴趣,并投入精力持续关注。到中营小学当校长后,他一直寻找着学校在信息化发展上再攀高峰的突破口。"中营小学从 20 世纪 60 年代起就是全国电化教学先进单位,并且努力保持领先。"华联解释说。

短短几年,中营小学信息化建设逐渐"开花结果"。学校以信息技术引领教学改革,在做好硬件环境建设的同时,重点进行了课程资源平台和"云瀚竹生"APP 管理平台的开发与应用。平台上研发、应用的"学生综合素质评价体系",一年点击率达百万余次。

"'云瀚竹生',其中'竹生'二字是中营小学首任校长刘宝慈先生的字。"华联一边操作手机界面,一边向记者讲解:"在这里,我们设计了校园播报、春蚕丝雨、童真年代、菁菁园记、线上研习与和谐互促 6 个板块。目前,教师开发精品课程资源已达万余件,学生可以不受时间、空间和客户端限制,随时、随地、随意进行学习。"

记者看到,随机点开一个学生的信息,便能浏览该生在校各方面的表现。

更令华联得意的是,学校近几年开发了特级教师杜蕴珍"小学语文'融合互促'识字教学实践与研究"相关资源。华联说:"杜先生是中营小学的老宝贝,她的成果曾获首届基础教育国家级教学成果二等奖。"华联和信息组、语文组的教师披星戴月地将此成果研发成"教师培训版"和"学生应用版"的主题系列课程资源。如今,该成果已在全区得到推广。

南京师范大学博士生导师吴康宁教授来该校调研时，开场讲了一段耐人寻味的话："初识华校长时，觉得他有几分木讷。走进学校，聆听报告，才发现他是一位勤奋、纯朴、机智的校长，像是为中营小学专门定制的一样。"

夕阳西下，金色的余晖洒遍中营小学美丽的校园。学校进门右侧古色古香的墙壁上，"勤、朴、敏、健" 4字校训熠熠生辉。

回首中营小学的发展历程，华联动情地说："我们清醒地认识到，百年名校已是过去。迈进新时代的名校，应该名在历史传承、名在文化底蕴、名在吸纳古今、名在不断创新、名在名师荟萃、名在学术前卫、名在特色彰显、名在英才辈出……"

在星辉斑斓里放歌的"摆渡人"
褚新红①

在大浪淘沙的教书育人浪潮中，我愿做一名摆渡者，用一生的执着，用一生的努力，支撑生命的船，满载着教育理想。

——褚新红

素质拓展课程成果展示中，学生和褚新红畅谈习字心得。·岳晓萱 摄

小档案

褚新红，天津市和平区岳阳道小学校长，正高级教师，天津市特级教师。"校长国培计划"——卓越校长领航工程中小学名校长领航班成员，天津市中小学"未来教育家奠基工程"学员、骨干教师培训基地指导专家，天津师范大学硕士生实践导师和卓越小学教师培养实践导师。全国五一劳动奖章获得者，全国三八红旗手。

---

① 徐德明：《在星辉斑斓里放歌》，载《中国教育报》，2019-06-19。收入本书时有改动。

走上讲台，褚新红举手投足都流露着满满的自信，课讲得妙趣横生，学生听得着迷，同行称道；走出教室，处理学校工作的大小事情，有条不紊、张弛有度，透着一种简约、干练和聪颖。从 1990 年进入天津市和平区岳阳道小学（下文简称"岳阳道小学"）实习以来，褚新红在这里整整度过了 29 个春秋。如今，她仍坚持给年轻教师上示范课。

"古人云：'知其心，然后能救其失也。'也就是说，只有及时洞察学生的内心世界，教育才能因势利导、有的放矢。"讲话时，她一双明亮有神的眼睛，宛如镶嵌在夜空中的星星，闪烁着智慧与热情的光芒。

激趣引探，描绘心中理想学校

从 1991 年起，褚新红连续 16 年教六年级毕业班。"那些年'教师教得苦、学生学得苦'的历程，深深烙印在我的心里。"为此，在近 30 年的从教生涯中，褚新红创建了"激趣引探"教学法，并始终致力于该教学法的科研工作，形成了"创设情境、激发兴趣—以疑引趣、自主探究—合作交流、总结规律—运用规律、解决问题—拓展延伸、课堂小结"的教学策略。

"在长期高年级教学实践中，我发现，一些学生的学习成绩不佳，原因是他们对学习没有产生兴趣，把学习视为负担。"2013 年，"接棒"校长工作后，性格直率的褚新红把"让教育成为享受，让学习成为快乐，让成长成为幸福"的努力方向直接印在了自己的名片上。

褚新红回忆说，一个叫小雨（化名）的学生，因同桌把他用来欺负同学的尺子扔到厕所里而哭闹起来，以致出现厌学情绪。她了解到小雨很聪明，但因为散漫、爱打闹，长时间挨教师和家长的批评。当时，她就想：有必要换一种方法对待他。

褚新红买了一把同样的木尺送给小雨，这令小雨感到很意外，愣了片刻，朝她点了点头。后来，褚新红变着法儿激发小雨的学习兴趣，还鼓励他在课上为同学们进行"一题多解"的讲解。学习的兴趣被激发后，好强的小雨也不甘落后，想通过努力，跻身班上 4 个品学兼优的学生"四大金刚"行列。褚新红抓住机会，激励他学好其他科目。期末，小雨各方面表现突出，褚新红履行承诺，召开班会正式授予小雨"第五大金刚"称号。

如今，很多像小雨一样的毕业生，每年都回母校看望褚新红。褚新红由衷地感慨："唤起兴趣是引导儿童学习的第一要务。只要点燃学生的兴趣，教育就可以创造奇迹。"

褚新红坦言，作为一校之长，她理想中的学校，应该是"让教师享受教育的幸福、让学生享受成长的快乐"的地方。"因为我的心中总是执着于一个梦想，梦想着装扮一座书院，让墨香文字伴着书声琅琅，与学校坐落的五大道的万国楼台相得益彰。"讲话时，她的脸上洋溢着灿烂的微笑。

改革创新，百年名校再领跑

岳阳道小学创建于 1911 年，是一所具有百余年历史的名校。"1979 年，学校就确立了学校、家庭、社会'三结合教育'的办学思想，'合力育人、和谐互动'成为办学治校的价值导向。"谈及学校的发展历史，褚新红如数家珍般娓娓道来。

当校长伊始，褚新红肩上的担子自然是沉甸甸的。她意识到：学校虽因"三结合教育"办学特色在全国久负盛名，但越来越多的学校在开展"家校共育"方面的探索。如何带领教师进行教育改革创新，成为下一个 10 年或 20 年的教育领跑者？褚新红逐渐理出一条思路，把"三结合教育"的精髓与当今"互联网+"时代及相应的优秀教育理念和先进技术手段相融合，推动传统的"三结合教育"升级。

经过反复调研和专家论证，2016 年，褚新红和她的团队赋予"三结合教育"新的时代内涵，创造性地提炼出"融慧"办学核心理念。她解释说，"融慧教育"内涵丰富，涉及文化提升、学校治理、课程体系、课堂教学、队伍建设、学生培养、学校转型等各方面，既是融合学校、家庭、社会之慧，也是融合学校各业务工作之慧，还是融合区域、民族、人类历史文化和未来社会发展之慧，更是融合学生核心素养落地和终身发展力培养之慧。就这样，"融天下之大慧，育未来之栋才"的理念应运而生。

在褚新红看来，作为学生接受教育的重要载体，传统课程的重构势在必行。经过不懈努力，从课程理念的提出到目标的确定，从课程架构的搭建到教材的编写，从课程的内容完善到评价推广……褚新红带领团队完成了"融慧"特色课程体系的华丽升级。

记者从一份课表上看到：星火乐队、炫酷非洲鼓、物联网种植、VR（虚拟现实）创想体验、茶艺、烘焙、泥塑、布艺、缝纫、衍纸画、合唱、舞蹈、配音……众多精彩的课程构成了学校独具特色的"自选课程超市"。放学铃声响起，原本即将变得"静悄悄"的校园，竟然更加热闹起来。学生们背着书包，在校园里穿梭，寻找着自己选择的自主课程的授课教室。如今，每周三、周四下午两节课时间的大规模的"选课走班"，已成为学校的一道亮丽风景。

"目前，在这个'超市'中，共开设涵盖六大领域的79门课程。学生100%网上自主选课、走班上课。每次网上预约自主选课，很多课程10秒内就满员。"褚新红说，学校还消除必修与选修、课上与课下、校内与校外的壁垒，拓宽学生学习的时空，将课程计划内时间与课后托管时间进行科学拆分、整合，实现授课时间与方式的灵活多样，使课程无限延伸，使学习与实践、体验、探索紧密结合在一起，满足每个学生的兴趣和特长。

学校门口大厅立着两个可爱的卡通娃娃，他们是"融娃"和"慧娃"，是孩子们最喜欢的知心玩伴。每天，学生上学、放学都有这两个"超级偶像""迎送"。

成就他人，激发师生无限潜能

"成就他人"，这是褚新红对自己6年校长工作的理解。

近5年来，学校教师在天津市中小学"双优课"评比活动中获11个市级一等奖，在全国中小学创新课堂教学大赛中获21个全国一等奖。另外，2名教师被评为正高级教师，73名教师成长为各级学科带头人。

成绩的取得，源自褚新红一直强调的团队精神和共同成长理念。针对不同发展阶段的教师，学校制定了个性化的培养方案，科学搭建教师发展平台，构建了"四格培养模式＋六层塔式结构"的"融慧"教师培养体系。

所谓四格培养模式，褚新红介绍：新教师"入格"培养，融入教师团队；骨干教师"风格"培养，融通教师学养；智慧教师"升格"培养，融合教师优长；名优教师"格调"培养，融炼教师风范。这一培养模式打破了学科本位樊篱，不断激发教师专业发展的内驱力。

在"四格"培养基础上，为充分发挥各层级骨干教师的辐射引领作用，褚新红还提出了构建教师六层塔式结构，从领军人才、未来教育家、名师首席、各级学科带头人、骨干教师及学科组长到全体教师，都有明确的培养目标，实现了"分级培养"纵向到底、"分类培养"横向到边，为全体教师专业发展搭建起坚实的平台。

褚新红深信："让教师做自己喜欢的事，更能做出成果。""寻找我的学科整合课程合伙人"项目就是一大特色。该项目以公开招募的方式寻找有共同兴趣特长的教师，共同开发系列特色课程，并在学习资源平台直播，让全校教师感受跨界思维之美。

就这样，越来越多的教师利用学科特点和专长开设相关课程，同时一些教师独特的兴趣爱好也被开发成特色课程，如语文教师的艺术插花、英语教师的十字绣、思想政治课教师的创意软陶和阳光天使心理剧团等。

教师孙扬毕业于音乐院校，他全情投入自己创建的电声乐队，"阿卡贝拉人声乐团"和"星火乐队"一举夺得天津市第五届"文明小天使"评选小学组团体一等奖。张彬作为足球专业教师，吸引了学校大量男学生上网"秒杀"足球课。

"寻梦？撑一支长篙，向青草更青处漫溯；满载一船星辉，在星辉斑斓里放歌。"采访最后，褚新红借徐志摩的诗表达了自己对教育的求索。她那双"会说话"的眼睛里，流露着对师生发展的无限期许："在大浪淘沙的教书育人浪潮中，我愿做一名摆渡者，用一生的执着，用一生的努力，支撑生命的船，满载着教育理想。"

为教育播洒阳光的校长赵玲[①]

作为校长，只有我们的心头是灿烂的，才能把阳光洒向每一名学生。用阳光之心，育阳光之人，用心灵温暖心灵。

——赵玲

赵玲和学生一起开心阅读。赵亚玲 摄

小档案

赵玲，安徽省芜湖市师范学校附属小学党支部书记、校长。高级教师，全国优秀教师，全国中小学优秀德育课教师。安徽师范大学硕士研究生导师，教育部校长信息化培训项目导师，"长三角"名校长培养基地导师，安徽省影子校长培训基地导师。人民教育出版社教材培训专家，"校长国培计划"——卓越校长领航工程中小学名校长领航班成员。

① 方梦宇：《为教育播洒阳光》，载《中国教育报》，2019-06-26。收入本书时有改动。

时值江南盛夏，早上7点钟，气温已30多摄氏度。在安徽省芜湖市师范学校附属小学（下文简称"附小"）的门口，一位面带微笑的女性端庄站立，向每一名到校的学生打招呼。炎热的天气使她的发丝黏在了额前，鼻尖沁出点点汗珠，微笑却丝毫没有从她的脸上褪去。早上在校门口用温暖的笑容迎接每一名学生，这个习惯，赵玲已经坚持了十余年，寒冬酷暑，从未间断。

"作为校长，只有我们的心头是灿烂的，才能把阳光洒向每一名学生。用阳光之心，育阳光之人，用心灵温暖心灵。"赵玲用自己30年的教坛岁月，践行这句话。她就像一束阳光，温暖了学生的心，照亮了教师的发展之路，更让区域教育发展熠熠生辉。

用爱践行"阳光生命教育"

作为一名小学校长，赵玲一直强调，学校应该给予学生未来发展必需的、终身受用的东西。"教育的根本任务是立德树人，真正的教育就是守护人性。"为此，来到学校任职伊始，她便极力倡导"阳光生命教育"，对教育价值、生命成长及学校文化建设的内涵，进行了全新的演绎与诠释。

在附小，一学年结束时，每个班都有2名"阳光小富翁"可以向学校提出自己的一个心愿，这是学校创新开展"阳光成长储蓄银行"活动的奖励。学生们通过一个学期的优秀品德表现兑换"阳光币"，"存折余额"会作为评优依据。在这家"银行"中，学生做了好事或有了进步均可储蓄"阳光币"；而出现违反规范的行为，学生会被扣除"阳光币"。

采访中，不少教师表示，自从有了"阳光成长储蓄银行"，最让人欣喜的变化在于学生们更加关注自己的言行和表现：相互之间少了服装等方面的攀比，而是比起了"存折"上积累的"阳光币"数额。"储蓄一份道德，收获满园阳光"，孩子们充分利用每一次道德加分的机会，为自己的"阳光银行"添砖加瓦，校园德育便在这样的活动中无声无息地"流"进了学生的心里。

像这样富有创新性的德育活动，学校还开展了很多：26年来坚守、延伸雷锋精神的时代内涵，让雷锋精神在学生的心中生根发芽；"爸爸妈妈当老师"，家校合作，拓展德育资源；不背书包的"快乐周五"，提升学生素养、形成健全人格；坚持25年的"校园吉尼斯"，多一把评价尺子，就可能多一批创新的人才；秋季实践活动凝聚不同学段德育主题，让学生了解社会、亲近自然；传统游戏节给孩子的童年打上优秀传统文化的烙印……

兼备校长和"道德与法治"学科教师双重身份，赵玲认为在小学阶段必须将德育放在最重要的位置。

2014年，刚上一年级的晓莉（化名）被诊断出患有白血病，妈妈李琴（化名）永远无法忘记，住在苏州大学第一附属医院的那个雨夜，赵玲冒着大雨赶来一把握住自己的手，一股暖流瞬间从手心一直流到了心里。在赵玲的倡议下，学校师生和芜湖市镜湖区共捐款69万多元，在关键时刻，让晓莉成功进行了骨髓移植手术，为孩子打开了一扇生命之门。

如今5年过去，晓莉已重返校园。在李琴看来，赵玲在困难时刻的鼎力相助，就好像有人把她从深渊里拉了出来。她时常告诉晓莉："是赵校长的大爱才成全了我们家的小爱，这是一堂人生的大课，你要终生铭记。"

"德育是无界的，它就像水流，流到哪儿，就灌溉到哪儿，它融在学校的各种课程、各项活动中，更体现在教师的言行里、校长的表率中。"赵玲以大爱和独具的人格魅力，成为全校师生的"大思政"教师。

照亮教师专业发展之路

如今，已成为学科骨干教师的陈思，对三四年前初入学校时赵玲手把手带她磨课的情景记忆犹新。

"我的一节课，赵校长要反复听七八遍，到后来，我说前一句，赵校长就能接上后一句。什么地方该用什么样的语气，展现怎样的神情，赵校长都不'含糊'。"如此精细的磨课让陈思感觉一下子摸到了教育教学的命门所在，她迅速进步，在当年一举拿下了芜湖市教学比赛一等奖和省教学比赛二等奖。

在赵玲看来，一名年轻教师的黄金成长期是在入职的 3 至 5 年，"在这段时间里，一定要有人带着他们前行，发现问题，指出修改路径。年轻人的潜力无限，看着他们站在领奖台上，比自己拿奖还要开心"。

"做草根式的教师固然重要，但成长为名师更是我们持之以恒奋斗的目标。教师要有'野'心，要不断探索新的工作方法，迎难而上，这样的教师，精神世界充满阳光，永远年轻。"班主任王静将赵玲的这句话铭刻在了心里。在附小人的眼中，赵玲的身上有一种让人"想进步，想靠近"的魅力。"即使工作再忙再累，你也会看到她总是精神百倍，信心十足，乐乐呵呵的。"教师席绪兰说。

针对目前小学道德与法治课教师大多是兼职的，而专职教师主要是行政干部转学科教师等问题，赵玲和团队的教师成立了"小学德育课程资源共建共享的实践探究"课题组，通过教材分析、课程教学、课例研讨、课件制作、资源交流等线上和线下的分享与研讨，使科任教师能尽快、真正地贯彻教育目标。

"让学生喜爱的教师走进道德与法治课堂，让有信仰的人讲信仰。"赵玲说。如此，既提高了小学道德与法治课的教科研水平，引领和促进了道德与法治课教师的专业发展，又让校园德育有了质的提升。如今，越来越多的青年教师，在赵玲的引领下，找到自己擅长的领域，在专业成长道路上收获鲜花和掌声。

协同培育专家型校长

在安徽省阜阳市颍上县慎城镇第二小学校长马军看来，赵玲打开了他在教育管理上的新思路。从一门心思低头摸路子，到抬头看方向、找问题，马军所在的学校在短短几年时间里，发生了质的变化。

2011 年，马军因为安徽省影子校长工作室而与赵玲结缘。2018 年教育部卓越校长领航班"赵玲校长工作室"正式成立，作为工作室里唯一一名在皖北区域农村学校任职的校长，马军受到了赵玲格外的"关注"。

从芜湖到颍上，300多千米的路，来回近一天的时间。这条路，赵玲已经反反复复走了许多遍。从一个人去，到带着一批学科名师、专家团队去，赵玲给教师磨课，为学校出谋划策，她已经成了慎城镇第二小学的"常聘顾问"。

"来了不搞虚头巴脑的，走进一个教室听一下教师怎么上课；在校园里走一走，看看学生和教师的状态，和专家们一起给学校诊断把脉。"马军戏谑地说，"如果哪次来，赵校长没有指出一两个问题，我都觉得哪儿不太对劲儿。"慎城镇第二小学在最近3年全县乡镇中心小学综合评估中取得三连冠，先后被授予"阜阳市爱国主义教育示范学校""安徽省学校艺术教育工作先进单位"等称号。赵玲是马军首先要感谢的人。

"希望通过工作室这个平台，让更多的校长拥有更多的学习机会，出去走一走、看一看、想一想，通过影子培训、挂职锻炼、课例示范、教学交流等方式，促使区域内一批校长专业成长，并形成有推广价值的经验。"在马军看来，工作室的平台让他看到了更广阔的世界。

在赵玲的力促下，工作室成立以来，聘请了一批专家学者担任顾问，如教育部中小学校长和幼儿园园长国家级培训项目管理办公室副主任于维涛、广西师范大学王木丹教授、安徽师范大学李宜江教授等。"实实在在引领、提升校长们的专业素养。"赵玲说，这个由来自全省各地16名优秀校长组成的团队像一个大家庭，大家经常在微信群里讨论日常工作中遇到的难题，分享彼此的心得。

工作室成立不到一年，已取得阶段性成果：1名校长被提拔到区属大型学校任书记、校长，2名副校长升职任正职校长，更有多名校长获得各类学科名师称号。

"职业使人能够生活，而事业能够使人生活得有意义。看到越来越多的校长能够独当一面，越来越有自信，学校也办得越来越好，我才真正体会到事业带给我的幸福感。"赵玲说。

为学生打造立体"教育场"的校长孙镜峰①

校长最重要的工作就是有效利用校园里的各种教育资源，为学生搭建各种各样、大大小小的学习展示平台，将校园打造成学生随时随地皆可学的"教育场"，更方便学生，更激励学生，更启迪学生。

——孙镜峰

孙镜峰（中）在与学生交流如何进一步打造立体"教育场"。刘玉圣 摄

小档案

孙镜峰，山东省淄博市临淄区晏婴小学校长，"校长国培计划"——卓越校长领航工程中小学名校长领航班成员，齐鲁名校长，山东省十佳科技校长。正高级教师，中国中西部中小学校长培训专家，齐鲁师范学院兼职教授，教育部授牌的"孙镜峰校长工作室"主持人。

---

① 魏海政：《为学生打造立体"教育场"》，载《中国教育报》，2019-11-20。收入本书时有改动。

"我就是想干点事儿，为这些学生干点事儿，为这个学校干点事儿，为教育干点事儿！"心直口快、诚朴豪爽的山东省淄博市临淄区晏婴小学（下文简称"晏婴小学"）校长孙镜峰，走路、说话、干事总是憋着一股劲儿，大有干不成、干不好决不罢休的劲头，满眼的真诚隐含着内心干事创业的灼热激情。

2014年，在担任了4年晏婴小学校长、已使学校成为当地名校之后，孙镜峰在办学方向上却有些"迷失"：相对优越的办学条件、较高的教学质量、较好的社会评价，这就是办学的终极目标？这就是学生心目中的理想学校？

困惑之余，孙镜峰将目光放在了学生身上：何不请教一下学生？一场别开生面的校长学生对话会，令孙镜峰触动颇深。和学生谈得越多，学生心目中的理想学校的模样在孙镜峰脑海中就越清晰——真正以学生为中心，从教育资源的配置、个性教室的建设、课程的开发与实施、学生展示平台的构建等各个方面，全方位朝着学生梦想的方向去努力，将学校打造成随时可学、随处可学的立体化"教育场"，于无形中促进学生的深度学习。

搭建服务学生的"阅读场"

原来，晏婴小学建有专门的图书馆，条件不错，但离教学楼比较远。学生借阅图书还要办理借书证，诸多不方便导致到图书馆借阅图书的学生越来越少，6万余册图书就这样成了一道摆放整齐的"亮丽风景"。

怎么办？"实际上，我与学生的对话会已经给出了最佳答案：学校只有以学生为中心，重新调整教育资源，才能真正发挥其价值，才能实现学生'图书馆的书可以自由阅读'的诉求。"于是，孙镜峰让6万余册图书"集体搬家"——在每间教室里建设自助图书角，在教学楼的走廊里、楼道拐角处建设开放式学生书吧。图书来到学生身边，学生随手可取、随地可读，随时随地拿起书来就读的学生越来越多。琐碎时间的阅读，如水滴汇聚，学生沉浸在阅读的欢乐海洋中。

通过竞聘的方式产生"小小图书管理员",开放式书吧的图书全部由学生负责打理。在解决了学生有书读的问题的同时,孙镜峰还组织语文教师研究制定了"晏婴小学全年级阶梯阅读必读书目及评价方案",解决读什么、怎么读、如何评价促进等一系列问题。

"教师加强对学生阅读方法的指导,使学生掌握了朗读法、默读法、精读法、略读法、速读法等阅读方法,激发了阅读兴趣。这不仅大大增加了学生的阅读量,还提高了学生的自我管理能力。"语文教师崔爱霞说。

学校还允许学生将图书带回家,将教育装备流动起来。鼓励家庭购书、读书,评选"家庭书屋",营造书香氛围,开展"放下手机、亲子共读"活动。此外,学校还定期举办读书节,让生生登台、师生登台、亲子登台,分享读书体会。晏婴小学逐渐形成了一个以校园为主体、辐射带动学生家庭的"阅读场"。四年级5班学生张佳惠的妈妈说:"我发现张佳惠越来越喜欢读书了,还经常就书中的人物和我交流自己的看法,有时还会冒出各种各样的奇怪想法。我就鼓励她,和她一起探讨、一起成长。"

"这才发挥了图书的价值!"看到图书被学生看旧了、翻烂了,孙镜峰很高兴,"小学阶段是学生养成终身阅读习惯的关键期,校长有责任让图书离学生更近一点,学校要为学生种下终身阅读的种子。"

打造激发灵感的"创意场"

逐渐地,晏婴小学从"阅读场"一步步深入,走向"创意场""文化场"。

"欢迎您来到我们四年级5班的教室,欢迎您走进我们的成长乐园——'巧手屋'。这个班名是我们集体协商的结果。我们根据这个主题,将教室设计成了'手写''手绘''手折''手捏''手创'五大板块。教室的窗台上、橱顶上、墙壁上,到处都摆放着我们各式各样的小作品、小创意。"张佳惠一讲起他们的教室来就滔滔不绝。

"校长的一项重要工作就是有效利用各种教育资源,为学生搭建各种各样、大大小小的展示平台，将校园打造成激发学生灵感的'创意场'。"孙镜峰说。

现在，在晏婴小学，学生无论有什么稀奇古怪的想法，都会得到校长和教师的支持。在五年级5班的教室里，有一个看上去有些简陋的"鸟巢"，是用旧竹篾和一些茅草搭建的。"我们在这间教室里度过了5年，这里就像我们的家。在这个家里，无论我们有什么稀奇古怪的想法，都会得到老师的支持和鼓励。明年我们就要毕业了，我们还会再回来，就像小鸟回家一样，再回来看一看！""鸟巢"的制作者朱雨涵同学说。让教室成为学生记忆中有创意、有温度、有留恋的地方，孙镜峰认为，这就是成功的教育。

在晏婴小学的每间教室里，都能找到每名学生最得意的书法作品、绘画作品、手工作品或创意设计作品。教室由枯燥单调转变为张扬个性、创意无限的空间。

"学生才是学校的主人。主人就要有主人的权利。"孙镜峰常常这样说。在他的倡导下，晏婴小学的学生拥有班级命名权、教室设计权、课程选择权、消防箱设计权、作品展示权、树木绘画权等各种各样的权利。

校园里的消防箱和垃圾箱都能成为学生创作的对象和激发艺术灵感的源泉。学生设计、制作消防箱，不仅提升了绘画能力和创新思维，还播下了安全意识的种子。本来千篇一律的垃圾箱，在学生手中改变了模样。学生的绘画既符合环保的主题，又有巧妙的创意，让一个个垃圾箱仿佛成为一件件独一无二的"艺术品"。

孙镜峰还将校园里大大小小700多棵树让学生认领，学生可以在自己认领的树上绘各种各样的图画：有巧妙利用树形绘制而成的长颈鹿，有富有本土文化味的"蹴鞠娃"，有惟妙惟肖的齐国历史人物。每当经过自己的得意之作的时候，学生总会有难以自抑的自豪感，甚至会邀请自己的爸爸妈妈来参观。

孙镜峰又将目光放在了走廊和绿地上。在走廊里，学校先为每个班级制作"学生创意作品展示台"，后来又建设了"艺术长廊"，为喜欢艺术的孩子们搭建了一个展示自己艺术作品的平台。"一切都是可以利用的教育资源。"在孙镜峰眼里，学校的一树一木、一器一物、一角一落都能成为学生创作的对象和创意的源泉。

创建属于自己的"文化场"

一所学校最核心的价值，往往是其独有的能够走进学生内心的校园文化。如何营造能被学生认同、能够走心的校园文化呢？"'强加式'的文化肯定是不行的，那就让文化从学生内心'生长'出来吧！"孙镜峰说。

孙镜峰的办法还是向学生"请教"。在他的主持下，晏婴小学开展了面向全体学生的"你喜欢什么样的校园文化"大调查。经过梳理汇总，以故事的方式呈现校园文化成为大多数学生的选择。自此，独特的"故事文化"呈现形式被确定下来。

随后，晏婴小学开始了由学生担任主角的校园文化建设，以"立德树人"为主题，以善良、诚信、分享、宽容、尊重、礼仪、规则、合作等为子主题的"故事文化"，在学生的巧手灵心中形成了。

读故事、荐故事、评故事、讲故事、演故事五个步骤，"故事文化"建设的整个过程始终以学生为主角。学生由校园文化建设的旁观者，转变为校园文化的参与者、接受者、认同者、受益者和传播者，每个故事都带有学生的感情和思想印记，深受学生的喜欢。学生浸润在这样的文化氛围中，就如同身处一种独特的"文化场"，在不知不觉中就从中汲取文化的养分。

"晏婴小学就像一个巨大的立体'教育场'，为学生营造了很好的阅读氛围、创意氛围和文化氛围。学生长期浸润其中，就会耳濡目染、受其熏陶。"孙镜峰对于打造"教育场"，有了更多的自信和依凭。"这样的立体'教育场'，引发了学生学习的一系列深刻变化：由死记硬背转变为积极动手操作，由传统教学的解题转变为解决实际问题，由机械重复的平面式学习转变为渐进的、有深度的立体式学习，提升了学生的动手能力、思维品质和创新意识。"

最重要的是，这样的"教育场"，也正在成为学生心目中有温度、有创意、有留恋的文化乐园。

灵动教育的践行者彭娅[①]

教师于灵慧生成里收获，学生在灵气彰显中成长。教育就是影响。引燃师生主动发展的"内驱引擎"，办有灵魂的学校，塑有灵慧的教师，育有灵气的学生。

——彭娅

课堂是实现她生命价值的重要场所，图为彭娅在上数学课。祖小强 摄

小档案

彭娅，广东省广州市越秀区东风东路小学校长，全国优秀教育工作者，全国首批小学数学正高级教师，广东省特级教师。"校长国培计划"——卓越校长领航工程中小学名校长领航班成员、彭娅校长工作室主持人。曾荣获广东省三八红旗手、广东省南粤教坛新秀等称号。

[①] 刘盾：《彭娅：灵动教育激扬百花盛开》，载《中国教育报》，2019-12-11。收入本书时有改动。

在 2019 年广东省青少年创新思维及科技实践大赛中，广州市越秀区东风东路小学的学生们思维灵动巧创造，勇夺 3 项一等奖、6 项二等奖、20 项三等奖。

如今，粤港澳大湾区着力打造具有全球影响力的国际科技创新中心，对创新人才、多样化的优质教育需求日益强烈。作为改革开放先行地的广东省，应如何培养具有创新精神、国际视野和实践能力的创新人才？"我们努力让学生的创新思维在灵动的活水中绽放。"东风东路小学校长彭娅用静待花开之心、阳光奋斗之志、躬身实践之行，凝练出了温暖而接地气的灵动教育，用教育的自然状态呵护学生生命的自然样态。

"教育就是影响。"在近 10 年的校长生涯中，彭娅引燃师生主动发展的"内驱引擎"，办有灵魂的学校，塑有灵慧的教师，育有灵气的学生。

生命在灵动中破茧

学生们每天清晨走进校园，在校门口都会有彭娅灿烂的微笑迎接他们。这是彭娅当校长多年保持的习惯，她用自己的笑容和声音迎接、感染他们。

"我希望孩子们背着书包蹦蹦跳跳地进入校园，满脸笑容，眼睛发亮。要让笑容在学生脸上一直绽放，就要让每一名学生站在学校正中央，焕发灵动的生命力和智慧的创造力。"

彭娅的教育梦源自现实难题的倒逼。

1996 年，彭娅调至广州市某校担任数学教师不久，时常听到学生抱怨说："又来一张试卷，真是不破'万卷'不罢休！"

"如果只见考试不见人，孩子的创造性和灵气就会被慢慢磨灭。"广东省临海听潮，是改革开放高地。彭娅就思考，如何顺国家政策之"天时"，趋广东教改高地之"地利"，以科研为引领，探寻适合学生的教育，让学生从题海苦读中解放出来。

彭娅在数学课上，向死记硬背、重复低效的机械训练"宣战"，向课堂要效率。"教无定法，真正的教育是灵动的。"她立足学情，摸索出了"互动、探究、创新"的数学课堂教学模式，努力减负增效。

彭娅变身为数学乐园的"导游"，原本枯燥的解答问题，变成好玩有趣的冲关游戏，平实灵动的课堂上充满欢笑。学生在感悟、探究、体验中，品赏数学蕴藏的真理和至美，他们不再是被动接受知识的容器。

从数学教师转变为学校行政管理者后，彭娅从"生命数学、智慧课堂"等学科教研成果里，求索办校治学理念。她站在"生命教育"高原上再攀高峰，追寻生命的自然样态和教育的本真状态。历经20多年的实践、反思、提炼、修正，彭娅聚沙成塔，灵动教育办学理念像树一样，在越秀区旧部前小学萌芽。

"我要站稳儿童立场，用生命激扬生命，用灵魂滋养灵魂。"彭娅挖掘学校办学历史与特点，对接区域教育主张，广泛与教职工交流后，把灵动教育落实为回归人本、让师生生命一起灵动的学校育人行动。个人办学思想和学校办学愿景实现握手，旧部前小学"柳暗花明又一村"，蝶变成广东省青少年科学教育特色学校。

2014年4月1日，彭娅到越秀区小北路小学任校长，一堂思维启迪课是她与学生的第一次见面讲话。"孩子们，2014年4月1日是周二，数字记忆就是20144102，刚好左右对称，好玩吗？学知识就要这样善于动脑，学会找规律、找方法，这样大家都会变得更优秀！"

在小北路小学，她传承德育为先的办学特色，凝练出让生命充满阳光的办学理念，不断深化阳光德育，给生命一抹灵动的阳光。彭娅的灵动教育之路也越走越宽，她的教育理念让东风东路小学的学生茁壮成长。

与教师共画同心圆

"老师对外第一印象应该是爱笑，把爱写在脸上。"这是彭娅招聘教师的重要标尺。这源自她女儿上中学时的一次经历：一名教师上课前看到学生在教室里嬉闹，就唉声叹气，学生的情绪也被带得很低落。

"教师多一分耐心、细心、爱心，就会多一名进步的学生。"在彭娅看来，校长不但要身先垂范，关爱温暖学生，还要成为课程建设、教师发展的设计者和领路人，引领教师以爱育爱。她全力打造灵动的教师团队，共画灵动教育同心圆。

多年从事学校管理工作的彭娅发现，很多青年教师在第一个 5 年活力十足，但在第二个 5 年就会进入困惑迷茫状态。如何让青年教师从困惑走向成熟，冲向高原，逐渐进入职业的幸福阶段呢？彭娅通过积极探索归结出青年教师培养的"三招"：随堂听课、异地教学、大循环教学。

彭娅还确立 1 年跟教入门、3 年锻炼提高、5 年冒尖成熟、8 年形成风格的分层培养目标，建立分层培养、扬其所长、形成特色、鼓励冒尖的教师专业成长"阳光高速路"培养机制。她以组建学习型团队、打造智慧型团队、实施创新型培训为实施路径，让教师成为灵动教育的受益者、践行者、同行者。

在彭娅的带动下，东风东路小学等学校的教师用心研究学情，强化有效教学意识。吴颖仪刚工作 4 年，就夺得全国中小学创新课堂教学实践观摩活动现场说课一等奖。如今，彭娅已带出数百名省市级名校长、名师。

"灵动的本质在于尊重生命、师生平等。没有对教育的热爱，便无法直抵教育的本心。"彭娅坚信，爱是培育有灵气学生的土壤，平等则是雨露和阳光。在她的推动下，旧部前小学拆掉教室里的讲台，师生间平等交流成为常态。彭娅还做好示范，帮教师拆掉心中无形的"讲台"，俯身倾听孩子心声，一视同仁地对待每个孩子。

教师何子和原来一直带高年级，奉行严师出高徒的教学原则，教育方法相对严肃单一。彭娅专门安排他到一年级任教，引导他俯下身子跟孩子们做朋友。何子和现在已变成"孩子王"，常常逗得学生们哈哈大笑，"平等相处才能关注到孩子们的内心需求"。

"灵动教育注重以生为本，我们在课堂、作业、考试等安排上，全方位保障学生主体地位。"在小北路小学任职时，彭娅引导教师精准设计推理、批判、创造性问题，布置少而精的套餐型作业，将音乐等科目教学组织成音乐会、游园会等活动。学生根据兴趣特长，自主选择作业，学习更加高效了。

适才扬性成于多元

欢乐喜庆的舞蹈，音色美妙的器乐演奏，2018 年 12 月，东风东路小学在中山纪念堂举办学生艺术素养展演，节目全部由师生自编、自导、自演。

"在小学阶段，孩子们的兴趣爱好丰富而多变。少一些塑造，多给学生一些自主，才能唤醒每个孩子更多的潜质。"为让灵动教育促进学生全面发展，彭娅开展选课走班等改革，打造"课程超市"，让每一名学生获得更多自主选择机会和自由生长空间。她还勇做教育改革创新"弄潮儿"，借助人工智能等新技术，把师生从重复性的讲授和练习中解放出来，聚焦人工智能时代学习空间的重构，给学生个性化诊断、专业化学习指导，引导他们主动、协作学习。面向人人、因材施教的理念润物细无声，学生在自我探索、成长的过程中寻找到快乐源泉。

小学生应不应该有零花钱、小学生该不该用高级手机……在小北路小学"童心童语论坛"上，一个个议题，一番番舌战，学生们在争锋中激扬智慧火花。

"辩论不但能让学生们敢说、会说、能说，还能提升他们的批判性思维能力，培养独立思考的习惯。这能帮他们在多元选择中，作出适合自己的抉择。"彭娅在学校大力推进辩论名家进校园等活动，引导学生组建辩论社团。

2017 年 10 月，在分享式展学中，东风东路小学二年级 7 班的学生们穿着 22 个国家的民族服饰，展示"一带一路"沿线国家人文、历史等知识。

"有灵气的学生不能是充耳不闻窗外事的'书虫'，而应是关注社会、心怀祖国的时代新人。"在彭娅的推动下，东风东路小学整合家庭、社会等资源，搭建研学课堂等"感悟—体验"式实践育人平台，打破理论与实践壁垒，让学生的学习与真实生活产生链接。志愿服务等活动变为鲜活的灵动教育，学生在知行合一中幸福生长。

好教育就如同阳光，温暖、明亮、多彩，温柔地唤醒大地中沉睡的生命。彭娅作为一位大爱无痕的教育阳光使者，把对学校、教育、学生的爱深藏于心中，用温暖而接地气的灵动教育，唤醒师生自我成长、成才的动力，为学生打造了全面发展的"星光大道"。

"蜗牛"校长林建锋与"三有"教育[①]

　　做一只奔跑的蜗牛，不畏惧前路潮湿难走。即使磕磕碰碰，也要将信念坚守；做一只奔跑的蜗牛，前行途中难免栽跟头，跌倒了再爬起，对自己说：走！

——林建锋

林建锋和孩子们在城东小学未名河畔的蝴蝶园里上科学课。陈炜炜 摄

小档案

　　林建锋，浙江省绍兴市上虞区城东小学党支部书记、校长，中学高级教师。浙江省特级教师，浙江省优秀教师，浙江省教坛新秀，全国科学优秀教师，2014浙江省年度十大影响力人物，绍兴市十大优秀青年，"校长国培计划"——卓越校长领航工程中小学名校长领航班成员。

① 苏婷：《林建锋：做一只永远奔跑的蜗牛》，载《中国教育报》，2020-04-29。收入本书时有改动。

蜗牛，陆地上最常见的软体动物。对于它，作为科学老师的林建锋是再熟悉不过了。人们见到蜗牛最多的样子，是它背着重重的壳在地上慢慢地挪动。但在蜗牛的身上，林建锋看到了坚持和隐忍、情怀和信念。所以，无论是 QQ 还是微信，他都为自己取名"奔跑的蜗牛"。

"只要给它时间，它就一定会到达终点！"这就是蜗牛，也正是林建锋喜欢它的原因。

蜗牛行迟，然努力不息

1997 年，林建锋从浙江省上虞师范学校（现为绍兴文理学院上虞分院）毕业。他评价自己没有特别优秀的地方，去读师范学校的时候，给自己定下的目标就是"做一名普通的好学生"。师范学校毕业后，林建锋给自己的定位是做一个合格的教师。因为他知道，在城区学校里，比他优秀的人比比皆是。

"不与时俱进，不追求持续进步，多大的成绩、多好的天赋，都会成为过眼烟云。踏实投入地去做事，且能够去做自己喜欢和擅长的事情，你就能够发光！"时任校长金坚强在一次学校新教师培训会结束后勉励林建锋的话，让他一直铭记于心，在往后的日子里尽心尽责地做好每一件分内事。

之后的 20 年中，他逐渐不再满足于做合格的教师，而把追求的目标瞄向优秀，并脚踏实地一步一步迈进。2018 年，林建锋被评为浙江省特级教师，同年入选教育部名校长领航工程，并于 2019 年成立绍兴市第一个教育部名校长工作室。

面对接踵而来的荣誉，林建锋选择"不忘初心"。多年的同事冯菊迪这样感慨："在林建锋身上，我看到了一种永不停歇的热情。这 20 多年来，不论他在哪所学校，取得了什么荣誉，从未停止探索，让人敬佩！"

暑期是学校建设的黄金时间。随着教育经费投入的增加，绍兴市上虞区城东小学（下文简称"城东小学"）这几年每年暑假都有不少建设项目。假期里，林建锋依然像往常一样，过着"家庭、学校两点一线"的生活。他总是笑着和朋友说："西瓜、空调加 Wi-Fi 那是别人的，我'家里'在装修，我得管着。"

"只有内心温暖的教师才能培养出内心温暖的学生。只有内心温暖，才能感动他人，才能温暖世界。也只有一个内心温暖的人，才能崇尚善良、正直，才能做到内心平和、品德高尚。"不论在哪所学校工作，林建锋都努力去做学校里最为热情的一员。"山间一木难成林，万紫千红才是春"，在努力提高自身业务和素质的同时，他还倾心辅导校内校外的青年教师。

对于"中国教育是一家"的观念，林建锋始终坚信并不断付诸实践。他多次赴西藏、陕西、河南、湖北、湖南、广东、江苏、福建等地义务讲学，尤其是 2017 年 5 月，受中国教育学会学科教育分会的安排，到海拔 4600 多米的西藏那曲支教一周，为藏族同胞送去了精心设计的讲座和独具匠心的课堂教学示范，获得好评。后来，那曲同行告诉浙江省教研员喻伯军，希望林建锋能再次去那曲送教。

2019 年 11 月，林建锋和由他领导的教育部领航工程名校长工作室团队跨越千里，来到四川省凉山彝族自治州宁南县，开展了为期两周的支教活动，让上虞教育人正在深化的"活教育"在千里之外扎根、发芽。

蜗牛身小，然梦想远大

"梦想是什么？我想它并不是一种实实在在的物质，也不是虚假的梦，更不是内心欲望的膨胀，而是看不见摸不着却又最真实的一种心灵的追求。生命因有这种追求增添了动力，工作因有这种追求多了几分光彩！"担任正职校长 13 年来，"打造怎样的学校""培养怎样的学生"成为林建锋一直思考和实践的问题。

为此，他坚持把脚站在自己学校的土地上，不断去发掘学校的潜在优势，积极应对发展挑战，把自己的全部智慧和精力奉献给学校；引领全体师生追求教育的梦想，最终形成了"打造三有教育，培养有爱、有梦、有才的三有好学生"的教育思想。

2007 年 8 月 15 日，林建锋来到当地北部的农村学校绍兴市上虞区盖北镇中心小学担任校长。

在这里工作的 8 年时间，他紧紧抓住学校异地新建、创建教育基本现代化乡镇等契机，通过办学转型，走基于本土化的内涵式发展之路，使学校走上了可持续发展的道路，实现了盖北镇中心小学的跨越式发展。

短短几年间，他和他的团队在高标准办学中，取得了突破性的成绩：学校先后获得全国流动人口子女·农村留守儿童示范家长学校、全国乡村少年宫试点学校、浙江省教师培训先进集体、浙江省农远工程先进集体等 30 多个国家级、省市级荣誉称号，在上虞所有小学统一排名的年度考核中先后 5 年荣获一等奖。2015 年，盖北镇中心小学已被打造成为可与城区学校一较高下的农村乡镇一流小学。而"三有"教育的种子也在这个阶段在林建锋心中萌发并开始付诸实践。

蜗牛无华，然奋斗不止

"教育梦想是教育者对教育产生的一种心灵状态，它给予我们不竭的动力源泉！'三有'教育是我这十几年来追求的办学境界。我将为之付出我的全部！"2015 年 8 月，林建锋成了城东小学的"掌门人"。

该校地处城郊接合部，作为城区 5 所小学中整体实力最弱的一所，不论是办学规模、办学历史、办学影响力，还是生源情况、硬件设施都与城区其他小学有较大差距。学校逐步走到了办学最艰难、最有挑战的时刻……

面对学校困境，林建锋没有放弃自己的教育理想，他决心将"三有"教育进行到底。他清晰地意识到，"三有"教育的打造既是一场严峻的考验，也是一种必然的选择。

"三有"教育是林建锋和团队在新时期对陈鹤琴"活教育"思想的传承和探索。林建锋和团队从"有爱、有梦、有才"育人目标出发，有步骤、有目的地实施城东小学"幸福童心圆"课程改革，并对方案不断进行优化。到 2019 年，学校不仅建立起了包括城东小学绿色德育、活力体育等七个顶层设计，还实施各学科课程规划、品质课堂、品质课题、品质课程群四大工程。

2016年9月起，在林建锋的建议下，该校一个年级借助平板电脑教学，实现课前学情精准分析、课中教学智能互动、课后练习精准辅导、课外学习个性成长。他和团队在评价上寻求与智慧教育新的结合点，致力于打造以大数据为依托的"互联网＋评价"新体系——"三有好学生"评价体系。

同时，科学教师出身的林建锋以乌鸫在教学楼走廊筑巢、繁育为契机，挖掘大自然中潜藏的隐性课程。他带领教师们开发并实施的"小鸟，小鸟"全人课程，被中央电视台《新闻直播间》专题报道。2016年下半年，学校开设蝴蝶课程，开辟蝴蝶园进行蝴蝶培育，至今已培育出4个科21种蝴蝶。"让蝴蝶飞进校园"被评为浙江省精品课程。

近5年来，林建锋和学校团队系统梳理、提炼"三有"教育精神文化体系，提出了"珍重和滋养每一颗童心"的办学理念，明确"有爱、有梦、有才"为学校育人目标，以陈鹤琴"活教育"思想为引领，结合学校实际，深入探索"三有"教育体系，一体四翼的"三有"教育雏形初现。

随着课程改革的持续深入，林建锋愈发觉得学校教育应还原教育本真：让每个孩子获得对自己而言最好的教育，让每个孩子成为最好的自己。同时，林建锋始终将目光聚焦于教育前沿地带。面对国际、国内日新月异的发展，他提出"为未来而教，为未来而学"的口号，在林建锋看来，全面深化、落地学生六大关键能力的培养才是"三有"教育的终极目标。2019年4月，林建锋邀请数十位全国名校长培训专家来校进行"三有"教育办学诊断。在诊断过程中，专家从"点""线""面"三个层面，立体式地获取信息，打通了"三有"教育的过去、现在和未来，为学校实现新的突破奠定了办学思想基础。

近年来，城东小学成为全国首批青少年校园足球示范学校、全国青少年校园篮球示范学校、绍兴市首批现代化学校。学校课改方案入编《浙江省深化义务教育课程改革指导手册》，荣获浙江省课程改革优秀案例，并在全省推广。

　　浙江省教育厅教研室小特幼教部主任、特级教师喻伯军曾这样评价林建锋："林建锋走到哪儿，学校发展到哪儿！"人间有胜境，但追求无止境。林建锋总是这样告诫自己："人生三境，我才经历其中的两境，我离自己追寻的'那人'还有一定距离。我愿做一只永远奔跑的蜗牛！"

机敏的试水者何东涛①

让所有的孩子真正找到自己，从而有坚定
的信念去规划自己，充满信心、激情和勇气去
战胜困难。

——何东涛

阳春三月，何东涛（右二）带着学生一起参加杭州市滨江区"樱花跑"活动。 本文作者供图

小档案

何东涛，浙江省杭州市长河高级中学校长，中国教育学会第八届理事，浙江
省人民政府教育督导委员会第十届兼职督学、家庭教育学会常务理事、发展心理
学会常务理事。

① 蒋亦丰、齐林泉：《何东涛：机敏的试水者》，载《中国教育报》，2018-05-02。
收入本书时有改动。

杭州初春的早晨，有一种万物萌动的灵韵清爽。白马湖畔，钱塘南岸。谈起杭州市长河高级中学的办学思路时，细言细语的何东涛透着江南学者的优雅与知性，眼神中时时闪现着女性校长特有的灵慧。从杭州第二中学到杭州市源清中学，再到杭州市长河高级中学，何东涛走过了 30 多年的教育生涯。2013 年，在源清中学时首次成为校长。那时，浙江领全国之先，掀起了一场前所未有的“选择性”高中课改与考改。看似柔弱的她主动响应改革要求，务实创新开拓办学新路，从此成为一名学校教育变革的践行者，与她的学校一起完成了一次次华丽的蜕变。

深化课改考改
以“源清现象”弯道超车

如何应对高中课改与考改给普通高中学校管理带来的变化，在很多人看来，校长是“关键少数”。

自 2012 年起，浙江开始深化高中课改与考改，改革的核心理念是“选择性教育”，变“过度选拔”“课堂教人”“一考定终身”为“差异选择”“课程育人”“关注综合成长”。在巨大的变革面前，有的校长选择了犹豫和观望。

然而，初任校长的何东涛却敏锐地嗅到了一个历史机遇：学校办学历史短，还处于不断追赶的成长期，课改能使学校充满活力，获得后发竞争优势。于是，在杭州诸多高中里，源清中学成了这场改革的排头兵。

学生自主选课的空间究竟多大才合适，走班上课怎么组织，对教师的工作量怎么设定等，都是需要探索的新问题。何东涛和她的团队摸着石头过河，开出了自己的一条新路。

基于学生核心素养提升、个性特长发展的需求以及新高考选择考试科目的要求，学校建构“三维九类、三层百门”的课程体系，自主开发了知识拓展、职业技能、兴趣特长、社会实践四类选修课程，从培养经世之德、之才、之能出发，进行课程建设方案的顶层设计。仅两年时间，学校就开发出 400 多门选修课。其品牌课程如"金融投资基础""创意与发明"等，学生选课时只能靠"秒杀"。

对于许多学校"头疼"的分层走班管理，源清中学在行政班和教学班并存的情况下，尝试借鉴耗散结构理论来探讨教学组织管理从混沌无序向有序转化。通过开展"师师合作、生生合作、师生合作"的小组管理模式，学校优化了学习和管理协作体。职业体验小组、学科互助小组、生涯规划小组等形式，替代了整齐划一的行政管理方式。此外，与之配套的还有学段制、工作量"潮汐"制、选修授课合作制等。

2015年，源清中学被认定为省一级特色示范高中，是当年28所获此殊荣的学校中唯一一所原省二级重点中学。在创建过程中，何东涛虽然几度旧疾复发，全体干部教师也都满负荷运转，但大家凝心聚力，抓住机遇，实现了学校弯道超车。在当年的中国教育学会教育评价研讨会上，何东涛介绍了学校的课改经验，这一经验被大会誉为"源清现象"。

传承名校精神
创新教育内涵与技术

2016年，何东涛任长河高级中学校长。该校地处"国际滨"高新开发区，是浙江省一级重点中学和一级特色示范学校，也是杭州莘莘学子向往的"前8所"。为秉承传统名校优势，何东涛与其团队提出"一张蓝图绘到底"。同时，在杭州向国际化发展的大趋势下，何东涛看到了新的挑战：外部有人民群众对优质教育的要求不断提高的呼声和学校自我突破发展瓶颈间的差异，内部有编制紧缺、教师负担重压力大、评优评先及专业成长等迫切需要解决的问题。

新的改革，势在必行。目前，学校正在开展"四位一体"的新教学改革，即"11110"工具箱教师校本研修、理解为先单元教学设计、基于课程和学情的有效教学方式、大数据背景下的学教精准对接。

何东涛以教学部门组织的"理解为先"课堂教学展示活动举例，提到这是一个经过实践检验、国际上广受欢迎的教学设计模式。它的先进性体现在：遵循了教学设计所倡导的"逆向设计"原理，提出了"明确预期结果""确定恰当评估办法""规划相关教学过程"三阶段教学设计步骤。它在备课计划表的设计上直观形象、合理到位。"这与新一轮普通高中课程改革按照新课程标准组织教学，以及适应新课程培养学生学科核心素养的要求不谋而合。"何东涛说。

为与教学改革配套，学校正在创新应用先进的教育技术。作为浙江省教育厅与某科技产业战略合作基地实验项目学校，该校教师团队与技术人员进行了基于人工智能的精准教学研究，尝试大数据分析、自适应学习及主观题机器自动批改等技术应用。作为浙江省教育厅资助的创新实验室，"内在动力激发创新实验室"里配备有 VR 职业虚拟体验、情绪调节、运动减压等设施，开发出了以脑科学为核心的生涯课程体系。

何东涛介绍说，目前，学校正在进行大规模的校舍扩建工程。2018 年建成后，教学用房面积近乎翻番，"超一流的现代化体育、艺术和学科功能教室，对学校主动适应和引领教育发展新常态，在高起点上谋求学校教育新发展，培养学生面向未来的能力，将起到积极的保障作用"。

心怀乡村振兴
引领教师"跳着摘桃子"

"乡村振兴看教育，教育发展看教师。"这些年，何东涛在田间地头也留下了教育改革的足迹。

认识何东涛以前，浙江省桐庐分水高级中学教师黄增华教了 20 年生物，担任教研组长 15 年。由于教研组整体教研力量比较薄弱，组里没有一人评上高级教师，专业成长的瓶颈始终困扰着这位农村教师。

2016 年，分水高级中学加入杭州市长河高级中学教育集团，何东涛成了这些农村教师的专业"导航人"。

何东涛"下乡"了。每月，她要驱车几百公里，赴分水高中一两次，走进课堂，听评课，作讲座，开座谈，了解每一位教师的专业特点。不久后，由何东涛主持的"杭州市乡村名师工作室"在学校挂牌，要求加入的学员达21人。何东涛不仅对每一名学员进行个别指导，促进学员交流，形成团队成长共同体，还将学员的3年成长规划整理成表格形式，分门别类地与分水高级中学分管校长共同商议培养模式。

"我们在尚未成为'大师'之前，把教学名师、教坛新秀、一师一优课等具体目标作为努力方向。我们把这些'规定动作'做好了，肯定会进步很快。"何东涛鼓励农村教师要敢于"跳着摘桃子"。短短2年时间，农村教师的教育生命开始绽放。他们积极参加市县各项评比和活动，有3人在县教育教学论文评比中获一、二等奖，9人在县中小幼教育教学案例评比中获二、三等奖，2人开发的选修课程获评杭州市精品课程。2017年年底，黄增华也如愿评上了高级教师。

不仅如此，作为杭州市政协委员，何东涛还在各种场合为教师队伍建设尤其是农村教师鼓与呼。

推崇润物无声
唤醒学生"最强大脑"

"校长，你以前教过很多考上北大、清华的学生，我与他们有什么不一样？为什么我不行？"在杭州市源清中学任校长时，何东涛收到了学生小邵的一封信。于是，何东涛和小邵在办公室里面对面地谈了一整个中午。她列举了杭州第二中学优秀学生的特点，并把他们和小邵进行比较。此后，每次小邵去校长办公室，何东涛都会仔细问他最近的情况，鼓励他申报各种活动以选择自己想从事的行业。校长的关切让小邵不断挑战自我，最后如愿考入了心仪已久的大学。

在何东涛看来，每个孩子的认知模式不同，成长过程中会产生很多"生成性"问题。学校教育的本质任务不是教授书本上的知识，而是要让学生找到自己的"最强大脑"，确信自己能"行"。

何东涛推崇的教育方式是"润物无声"的。对质优生高标准、严要求，鼓励他们自主学习突出发展；对有特长的学生鼓励发挥特长，走特色发展之路；对学习出现困难的学生给予关心，经常利用休息时间给他们梳理问题，鼓励他们进步；对行为出现偏差的学生，爱中掺严、严中含爱；对家庭有困难的学生，代缴费用、代买学习资料，保护他们的自尊心、自信心；对心理有问题的学生做耐心细致的辅导工作，主动为学生协调解决各种困难，帮助他们走出心灵的泥沼……

何东涛的教育研究是"走在前沿"的。她与她的学校是浙江省学生心理健康教育的先行者。她主张以脑科学为研究基础，构建"心育"网络，创新性地提出"一起点""二系列""三途径""四取向"的操作策略："一起点"是指以案例问题为工作起点；"二系列"是指中学生通识性心理健康教育系列和围绕学习心理专项指导系列；"三途径"是指通过学科渗透和学生活动营造氛围、通过个别咨询和团体辅导形成特色、通过家校配合形成合力3个途径开展学校心理健康教育工作；"四取向"是指"自我体验、自我领悟、自我实践、自我完善与发展"的目标取向。这些直抵学生心灵的教育教学改革，让许多学生圆了自己的大学梦、职业梦。

何东涛也正在圆自己的教育梦：让所有的孩子真正找到自己，从而有坚定的信念去规划自己，充满信心、激情和勇气去战胜困难。

走动式管理对学生未来负责：
"两万步"校长周庆①

··

要办对未来负责的教育，让学生既有"品"又有"质"，"品"即品行，"质"即修养，三观要正。

——周庆

周庆（左二）在校园大树下赠言支教学生。李龙 摄

小档案

周庆，河北省石家庄市河北正定中学校长，河北省地理特级教师、学科名师、十大杰出青年教师、中国人民政治协商会议第十一届河北省委员会委员，"校长国培计划"——卓越校长领航工程中小学名校长领航班成员，获得第五届全国教育改革创新杰出校长奖。

··

① 杨占苍：《周庆：头雁在前天自远》，载《中国教育报》，2018-07-11。收入本书时有改动。

在河北省石家庄市河北正定中学校长周庆办公室的门上，常年贴着纸条与一个盛着纸片和笔的兜。纸条上写着自己几点几分到几点几分上课，如果有事请留言。而兜里的纸条，是专门留给那些前来找他的学生的。

在学生的眼里，他是"立体巨人"。孩子们说："首先，周老师又高又壮吧；其次，他多能干呀，把咱们学校带得多棒；再次，我们听他的课最来劲了；最后，他的字那就是书法家的水平啊。还有，他出口成章，引经据典，排比句一溜儿一溜儿的，那是一般人吗……"

在老师们眼里，他是"两万步校长"。周庆每天在校园里走两万步，随处都会出现他的身影。发现问题，随手就用手机一拍，发到相应的微信群，连开会也不用，该谁解决直接落实到人。这是周庆独创的"走动式管理"模式。如今，这里中层以上的干部，许多人每天在校园也都走两万步以上。

在外人眼里，周庆是最与众不同的普通高中校长。眼下，正是普通高中招生的关键时刻，他却举全校之力，准备有多个国家的中学参加的2018 "一带一路"国家校际教育发展联盟启动仪式和京津冀台中学生教育发展联盟年会暨第二届海峡两岸中学校长（代表）高峰论坛。

追求品质，对未来负责

"要办对未来负责的教育，让学生既有'品'又有'质'，'品'即品行，'质'即修养，三观要正。这要嵌入学校日常运行机制，成为学校的工作常态。"周庆说。

周庆将"品质"培养嵌入课程。学校规定实行学分制，学生除了必须修够国家规定的144学分之外，还必须修够学校规定的8学分，这8学分包括成长课、校史课与选修课3个部分。成长课以"责任教育"为主线，贯穿高中3年，共分为对学业进步、个人成长、家庭幸福、社会发展、民族复兴负责等10个阶段性主题和110个小主题。校史课则以中华优秀传统文化、红色文化、课程文化为主线。正定中学前身是明朝的"封龙书院"，沿革已有数百年，这给学校留下了许多宝贵的历史遗产。周庆就让学生们整理并由此熟悉这些遗产，增进文化认同，坚定文化自信。学校是石家庄地区第一个党支部和第一个团支部诞生地，这里还有其他丰富的红色资源，他就让学校由此开展充分的红色教育。在高中3年期间，学校为学生开设了7个领域150余门选修课，形成了特色鲜明、体系完整的选修课体系。

周庆还将"品质"培养细化到日常生活的"举手投足"中。例如，每年新生开学，军训前，周庆雷打不动地要给学生作入学后第一场报告，报告中一定给学生提一个小小的要求：每天起床后，每个学生一定要撸一撸自己的袖子，捋一捋自己的领子，提醒自己，要做未来社会的领袖人才。周庆认为：从教育者角度来看，这个要求就是着眼于学生的未来，对学生未来负责；从学生角度来说，就是要时时刻刻对自己的言行高标准要求，从而形成自己的"品质"。

培养学生的世界眼光和现代意识，也是他带领学校要做到的。学校制定了"正定中学国际化教育改革和发展规划"。截至2018年7月，学校已与英、美、加、澳等国家的数十所学校建立了友好合作关系，定期开展师生交流互访，并开展实时在线网络课堂共享，举办各种形式的海外游学活动，定期开办"国际语言文化夏令营"，加强有关学校教育国际化研究，如"多元文化背景下学生的教育策略"中英校长论坛已举办两届。学校也开设了"国际理解力"校本课。一位已成为外交官的毕业生给周庆来信说："我当时并不知道学校为什么这么做，并不理解您说的'国际理解力''国际化视野'，但今天，我越来越深刻地理解您和学校的良苦用心。"

锻造特质，引学校前行

一位来自广东的教育专家在正定中学观察了半个月，给周庆做了这样一段评语："学生着迷、老师敬佩；迷恋课堂、做人低调；胸怀坦荡、格局远大，这应是一位卓越校长的核心特质。"

周庆当校长10年，已连续11年担任高三地理课教师，和普通教师一样满工作量上课；还担任学校的心理辅导老师，每年给学生做心理辅导200多次，连续10年荣膺学校学生"我最喜欢的老师"称号。

有人问周庆："你既当校长搞管理，又上课，还做心理辅导，它们之间的矛盾你是如何解决的？"

周庆的回答完全出人意料："矛盾？它们之间没有矛盾呀。我上课，源于一位普通教师对地理学科的热爱和喜欢站在三尺讲台上的感觉。对作为校长的我，我上课，上好课，就是一种最好最有效的管理。我用行动对老师们说'向我看齐'，比什么思想工作、什么制度规定、什么激励机制都更有效。大雁的团队之所以飞得高、飞得远、飞得快，是因为头雁在前领飞；羊群之所以走得慢，是因为要靠人拿着鞭子驱赶。"

在2018年召开的新教师培训会上，周庆回答了新入职教师的很多个提问。有新教师问："你26年的教学生涯最大的成就是什么？"他回答："孩子们毕业后对学校的感情历久弥深。"新教师问："最值得你欣慰的事情是什么？"他回答："仍然可以站在讲台上对老师们说向我看齐。"新教师问："支撑你工作的动力是什么？"他回答："孩子们脸上灿烂的笑容和家人的理解。"……

在回答了这些新教师的提问后，他也向新教师提了有关教师专业发展的10个问题："你用多长时间可以写出一份既体现教材挖掘和整合能力又体现现代教育思想的教案？""给你一周的时间能否编制一份高质量的高考模拟试卷？""你能否就某一教育命题发表自己有特色有见地的教育主张？""你是否敢和高三尖子学生比一比做题的质量和速度？""你是否拥有自己独特而深具推广价值的教学方法？""你是否敢于在全市上一堂高质量的公开课？""你是否有能力在公开场合做随堂课例点评？""你是否有能力独立或合作完成一项高层次的研究课题？""你是否有能力为学生开一门广受欢迎的选修课？""你是否花时间每年读两本专业理论书？"

有人说这10个问题是周庆向青年教师下的战表，也有人说这是对青年教师提的努力目标。不过，无论是什么，这样一问一答平等对话的方式，要比作报告、发文件和提要求更有效。而这都源于"自身硬"的特质。

凝聚共识，为学生铺路

在正定中学的校园里，周庆每天像普通老师一样上课，也像普通管理人员一样，每天不少于两万步的走动式管理。他给自己规定，除了备课，每天待在办公室的时间不超过2小时。老师们说，周庆当校长10年了，从没有见过他批评哪个人，每个人都非常尊重他。

6月2日，正在高考复习最紧张的时候，周庆却在学校组织了一场由全校学生参加的文艺晚会。有人问："你不怕影响高考成绩吗？家长同意吗？"周庆答："不怕，影响不了！家长同意！"他说这话是有底气的。每年高一新生入学后，周庆一定要亲自和新生家长开一次"研讨会"，共同研讨一个主题："作为家长，你最关注孩子的哪些方面？"每年的研讨结果都出奇一致，学业成绩没有一次是排在第一位的，所以"我们的办学目标也就不能把高考排在第一位"。有了这样的共识，学校再搞什么活动，做什么改革，家长就很容易理解和配合了。

曾有学生总结周庆上课的四大绝招：一是随手绘图，精确无误；二是学生做过他出的题、听过他讲的解题思路后，就会对知识点把握全面并理解透彻；三是板书漂亮，他的每一次板书都是书法作品，学生们争相模仿；四是备课精细，积淀丰厚。他上课，总是让学生们惊诧和振奋——多学科交叉以及中英文双语教学，竟然可以融合得这么充分和完美！

在前不久的毕业典礼上，几个女生突然手拉着手跑上主席台，冲到周庆面前："老师，我们能拥抱您吗？"更多的学生跑了过来，霎时主席台上围满了学生。学生们簇拥着他，就像孩子"赖"在父亲身旁，粉丝见到了自己的偶像。

孩子们对他的爱是发自内心的，也正如他对孩子们的爱。2014年春季学期，距离高考只有几个月了，一名学生连续低烧，咳嗽不止。医生检查后，怀疑是肺结核，要求这名学生立刻离校，隔离治疗。这名学生一下子就哭了——

在这个关键时期被隔离会落下多少功课啊。周庆找到他说:"到我家吧,我家几乎整天没有人。每天的课我录像给你看,作业我给你拿回去做。"学生要拒绝,可周庆不由分说就把他领到了自己家里,并嘱咐爱人严格按照医嘱照顾好他。学生和家长们知道这件事后,在正定中学的校园网上留言:"我们喜欢这样的好校长,我们喜欢正定中学。"

追求教育自觉的校长吴国平①

教育说到底是一项关注细节、把细节转化为教育契机的艺术，没有足够的投入和陪伴，真正的教育不可能发生。

——吴国平

吴国平（左）为孩子们颁发毕业证书。 刘华 摄

小档案

吴国平，浙江省宁波市镇海中学校长，中学高级教师，教育部中学校长培训中心导师，国家教育考试指导委员会专家工作组成员，浙江省督学，宁波市名校长，宁波大学硕士生导师。

---

① 史望颖、齐林泉：《吴国平：走向自觉，缔造奇迹》，载《中国教育报》，2018-11-22。收入本书时有改动。

"多年前，梓荫山山麓这里是惊涛拍岸的海边。不知什么年代，它的峭壁上留下了'惩忿窒欲'的巨幅摩崖石刻。梓荫的意思是像匠人制材作器一样考究地荫庇学子，使文脉源远流长；'惩忿窒欲'出自《周易》'山下有泽，损。君子以惩忿窒欲'，意思是君子看到海纳百川，体会山之巍峨，自然戒止愤怒，节制欲望，满怀敬畏，奋发图强。"秋高气爽，在浙江省宁波市镇海中学文化古迹遍布的校园内，校长吴国平指着校园一侧的石刻说到。吴校长身材高大挺直，说话掷地有声，举手投足间又透出浓郁的书卷气息。自 2000 年 8 月受组织委派出任校长以来，这位当初普通高中校长队伍中的新兵，带领全校师生追求"教育自觉"境界，学校发展实现了从区域名校到全国名校的华丽飞跃，他本人也被誉为"连创奇迹的浙派名校长"。

最好的教育，给更多的孩子

2018 年 10 月 25 日至 27 日，由教育部中学校长培训中心主办的第三届全国中学校长招宝山大讲堂"中学教育新思维论坛"在浙江省宁波市镇海中学隆重举行。来自全国各地的 400 余名校长共襄盛会。很多校长千里赴会的目的是探秘镇海中学，聆听学校当家人吴国平分享秘籍。

1980 年中师毕业后，吴国平被分配至镇海县临江中学。34 岁时他担任镇海区职业技术学校校长，在短时间内就把这所师资薄弱、生源质量不高、校风学风欠佳的学校改造得面目一新，彻底扭转了当时人们对职业技术教育的看法。1996 年年初，吴国平被任命为镇海区教委副主任，分管教育业务工作。依靠工作能力和人格魅力，使得教委的相关政策得到很好的落实，镇海区的教育工作也走在省市前列。在 2000 年暑假接任镇海中学校长之时，学校在全省已经有了一定影响力。但由于行政区划重新调整等原因，面临着办学竞争加剧、生源地范围锐减、发展空间缩小等种种困难与挑战。不少人担心镇海中学从此将走下坡路，一蹶不振，一些家长甚至想方设法把孩子送往宁波中心城区、杭州乃至上海的名校求学。

　　面对巨大压力，从未负责过普通高中管理工作的吴国平内心反而异常笃定，"谋事在人，成事在天"，他相信天道酬勤，发誓要让更多的孩子享受到高品质的教育。随后，这所学校取得的办学成就在很多人看来堪称奇迹：10年里摘得6枚学科奥赛国际金牌，率先成为北京大学中学校长实名推荐资质学校、清华大学"新百年领军计划"优质生源基地学校，且可推荐的人数都是浙江省最多的；多次荣获包括全国教育系统先进集体在内的国家级荣誉，连续4次被授予全国文明单位称号，2017年又获评首批"全国文明校园"。

　　同时，学校在省内的丽水、台州、衢州及省外的贵州普安、新疆库车、青海海西、陕西延安等地开展了形式多样的教育帮扶工作，还接纳省内外多地的校长、教师来校挂职蹲点学习，派骨干教师、管理人员到结对帮扶地区开设讲座，接纳学生进行委培。此外，学校作为教育部中学校长培训实践基地，在他的带领下成功完成了两批来自中西部的校长的"影子校长培训"计划。无论在天山脚下还是在黔西高原，都曾活跃过吴国平校长与当地校长、教师分享办学经验、共商育人大计的身影。

以追求自觉，践行教育理想

　　认真、踏实、执着、聪明、能干是吴国平留给很多人的印象。在广大师生和亲朋好友眼中，他对工作全身心投入，是名副其实的工作狂。除了校长一职，他还担任中国民主促进会中央委员会委员、中国民主促进会浙江省委员会副主任委员、中国民主促进会宁波市委员会主任委员等职，相关的社会工作也比较多，但他总能恰当处理好主职和兼职的关系，把主要精力和时间投注在学校的发展上。

　　令很多人觉得不可思议的是，尽管不担任班主任和学科教学工作，但学校哪些学生是特困生，哪些学生成绩起伏、思想波动较大，哪些学生有什么特长和缺点，他似乎都了如指掌。针对不同学生的问题，总能对症下药。他对学生的了解程度，让一些班主任都自叹不如。抽出时间深入课堂更是他的工作常态，不同科目的教师都称道他听课后的点拨评价。语文学科市级名师王老师就曾感慨：“我算是服了化学专业的校长对文字的领悟。”

“教育说到底是一项关注细节、把细节转化为教育契机的艺术，没有足够的投入和陪伴，真正的教育不可能发生。”为此，吴国平每天都会雷打不动地至少转一遍校园，深入课堂、寝室、食堂等角角落落，用眼睛更用心去发现哪怕极其微小的问题并及时加以处理解决。同时他也用心去寻找细微的美好，并将之提升放大为教育的正能量。政教主任邬小波形象地称吴校长践行的是“走动式”管理。

“学生在，老师在”和“弹性坐班制”是镇海中学的两句看似自相矛盾的话。然而实际上，这两项制度却有机统一在了一起，成为该校教师管理的特色。学校教师每周至少有2个晚上是在学校度过的，最多的每周5个晚上都在学校，为的就是给学生提供有智慧的、长情温暖的陪伴。每天晚自修的第二节课，是该校固定的教师答疑时间。学生们可以根据自己的需求去找相应的教师请教，教师们也随时静候推门进来的孩子，整个过程安静而有序。

大约是2006年秋天，在吴国平来镇海中学的第七个年头，兄弟学校的一位领导来学校蹲点交流。20世纪90年代，他也曾多次来考察，十几年过去了，他发现镇海中学的教师队伍呈现出更为积极、阳光、勤奋的良好状态，而在他自己的学校却缺乏这样一种风貌。“同行的对比给了我很大的触动，让我再一次深切地体会到，如果没有一种建立在自觉自愿自发基础之上的教育情怀、教育理想和职业行为，教师很难将教书育人的职责履行到位，更别说追求卓越了。”吴国平说，“这也成为我后来形成‘教育——追求自觉的境界’这一办学思想的一个触发点。”

“校长的使命在于引领和创新。”吴国平说，“当教育自觉逐渐成为个人的办学追求并完成初步的理论和实践构架后，最重要的工作是要将这种办学思想传递给广大师生，让教育自觉升华为学校的集体无意识。”

梓材荫泽，止于至善。这是镇海中学教师群体的形象写照。多年来，教师们一直以校为家，全身心服务学生。这些行为使师生之间实现了最有效的沟通，这种高贵、纯粹的职业精神，也影响着学生的价值观、职业观和人生态度。

"彼此像家人一样。"这是记者在镇海中学采访时经常听到的话。在这个温暖的大家庭，吴国平越来越清晰地感受到，走向自觉——社会责任自觉、学校育人自觉和个人修养自觉，其实是这所百年老校的历史选择，并促使她形成独特的历史意蕴。

成全学生，遇见更好的自己

记者采访的当天，镇海中学体育馆内人头攒动，校学生会和团委正在举行纳新活动，每个部门前都挤满了人，学生踊跃推荐着自己。就在这周五，学校还举行了"百团大战"——学校社团招新活动。

"现在的高考，已经不能说是一考定终身了。"吴国平说，"所以，学校在培养学生的过程中，应把综合素养放在重要位置，注重培养学生的个性特长，充分发掘他们的潜能。"

镇海中学现有学科类、实践类、艺术类、体育类、公益类等各大类注册社团 50 多个。每年 4 月前后，学校就会举行为期 1 个月的校园文化艺术节，学生可自行策划各种各样的活动。

在 2018 年的校园文化艺术节上，高二（7）班的张同学就组织了"真人图书馆"活动，分别邀请自己的老师、同学以及校党委书记进行面对面交流。这样的活动，使得张同学找到了自己身上的闪光点："镇海中学学习成绩好的学生有很多，通过这次活动我发现自己的组织能力还不错。可以说是学校搭建平台，让我们遇见了更好的自己。"

对于学生的成长，吴国平一直认为做人比做事和做学问更重要，高素质比高分数更重要，人格健全、身心和谐比学业成绩更重要。

正因为有这样的认识，学校在进行顶层设计的时候，将育人目标定为"综合素质强、个性特长优、学业水平高、社会贡献大"的优秀公民，并将"教育是对人的成全"确定为镇海中学庄严的办学立场。

除了校园文化艺术节，学校还有各种各样的活动，如外语节、汉文化节、数学节、科技节、体育节、演讲大赛等。学校的日常教学活动都围绕学生的"成人成材"展开，并融入和浸润在各个教学实践环节之中。吴国平说："我们非常强调有效教学的基础是有效的德育和体育。在这个过程中，我们十分注重培养学生良好的方法和习惯。"

从 2003 年开始，学校有个不成文的规定，理科创新实验班的班主任一定要由文科老师担任，以此提升学生的人文素养。镇海中学 2015 届毕业生郑恩柏以优异的成绩考入理想的高校，当他在北京大学元培学院完成第一学期的通识课的学习后，选择攻读中文专业，让不少人感到意外。而郑恩柏高中的班主任兼语文老师周爱红却觉得在情理之中："郑恩柏一直把文学作为自己的兴趣爱好，这是他按照自己的内心意愿进行选择的结果。他做出这样的选择也与学校鼓励学生个性化发展、尊重学生的多元选择是分不开的。"

经过这些年的积淀，吴国平欣喜地看到，学生的成长环境发生了很大的变化，学校的办学生态变得更加开放、多元、自由。"人类即将迈入 21 世纪 20 年代，教育对象个性特征更为鲜明，教育需求更为多元。"他说，"在这样的背景下，教育成全人需要注入更为丰富、科学、深刻的内涵。这是教育的使命和责任，更是教育拓展自身功能、展现无限魅力的契机。"

追寻"真善美"光辉的校长
李有毅①

······

　　作为校长，第一要率先垂范，第二要有先进的理念。在整个治校过程当中，我觉得学校里的任何事情，都应该追求它的最高境界。

——李有毅

李有毅颁发校长奖学金。　王连东　供图

小档案

　　李有毅，北京市第十二中学校长，数学特级教师，第十三届全国政协委员。先后被授予全国先进工作者、全国五一劳动奖章、全国"三八"红旗奖章、全国教育杰出贡献校长等荣誉称号。

······

① 齐林泉：《李有毅：追寻"真善美"的光辉》，载《中国教育报》，2018-09-26。收入本书时有改动。

2018年8月22日，全国唯一以钱学森命名的中学——北京市第十二中学（下文简称"十二中"）钱学森学校正式启用新校区。至此，十二中已经成为一个拥有7个校区、在校师生6000余人、学段贯穿学前至高中的集团校。谈到学校的发展成就，校长李有毅将其归功于教师团队对学校办学经验的传承与创新。2006年，已经在教学副校长岗位上走过7个春秋的李有毅，被委以重任，成为十二中的校长。在传承学校自1934年创建以来的优秀办学经验基础之上，她逐步建立起"真善美"办学体系。

求真崇善，成就唯美之师

"我们的教育太需要好学校了，一所好学校就必须有一批好教师。"在李有毅看来，"好"就是"唯美"——非常完美，好教师就是"唯美"的教师。

"想进十二中当教师并不容易，我决不让任何人在招教师上'开后门'。"李有毅介绍，学校对于招教师有很严格和规范的"招儿"：学科组组考，招生小组考核，校领导面试，最后集体决定，层层把关，这么多年来学校在招教师上没有出现任何问题。

把好进口关只是个开始，更重要的是培养。经过科学而又高端的论学班、定期的自我研究与同伴互助、专家培训讲座以及成果汇报等，最后学校给新教师一个综合考核评价，通过这一系列程序驱动青年教师快速成长。

学校把青年教师推到一线，给他们设计了3年或5年成长规划。每位青年教师除了承担正常的教学任务之外，都有第二任务。例如，带一个兴趣小组或社团，自己开发一门课，给学生开大讲堂等。

学校教师队伍中人才辈出，现有正高级教师5人，在职特级教师26人。对于这批相对比较优秀和成熟的教师，学校实施分层培养，如特级教师有"七个一"工程，骨干教师有"五个一"工程等。

"看上去，李校长精力总是那么充沛，实际上她的身体并不太好……但在工作当中展现给我们的，永远都是精力特别充沛、底气特别足的样子。"学校宣传中心主任王连东说，"看到校长都这么拼，教师能不拼吗？今年暑期，很多中层干部和教师都自发到学校加班。"

"作为校长，第一要率先垂范，第二要有先进的理念。在整个治校过程当中，我觉得学校里的任何事情，都应该追求它的最高境界。"李有毅历来提倡低调做人、高调做事。

"十二中已经连续 3 年高考重点大学上线率达 100%。"每到学校取得好成绩时，李有毅一再告诫教师，得之不喜，失之不忧，要有一颗平常心。"取得好成绩，在欣喜之余，我总会寻找其中的不足，因为从来没有任何一件事能够十全十美。"李有毅说。

"塑造唯美之师，学校干部必须以身作则，教师要做到上善若水。"李有毅对教师的要求也很高，对教师工作中的差错或者不到位之处绝对不留私情。教师们常说，"校长的眼里不揉沙子"。有很多人劝她，"不要批评人，也不要把什么责任都往自己身上揽"。但李有毅认为，当干部首先要把责放在第一位，干部的责在前，在岗位一天就要认真履行职责。

精高博特，锻造教育品牌

走进十二中本部校区大厅，映入眼帘的是"全国航天特色学校""全国五一劳动奖状""国家级体育传统项目学校"等很多块国家级荣誉牌匾，而大门两侧摆满了学生参加全国或全市的体育、科技等各类大赛所获奖杯。

十二中合唱团、行进管乐团双双荣获爱丁堡国际艺术节金奖；在肯尼亚举行的"2017 年世界少年（U18）田径锦标赛"上，学生刘哲凯获得标枪冠军；十二中多名学生参与研制的也是我国第一颗由中学生参与研制的科普卫星——"丰台少年一号暨少年梦想一号"在酒泉发射升空……

"这些成果的取得在很大程度上得益于李校长精心打造的五大教育品牌。"王连东介绍说，学校创建了脑与记忆、生态与环境、超导技术等 15 个高端创新工作室和北京市化学重点实验中心，形成了科技、艺术、体育、实践和心理五大教育品牌。

品牌的锻造需要细化到课程中去，十二中着力构建"真善美交融"的课程文化体系。学校开发出学科综合课程、科技创新课程、社会适应课程、国际理解课程4个系列200余门校本课程，形成了"创新算法与发明专利""形体艺术""少年智慧学"以及CAP（Chinese Advanced Placement，中国大学先修课程）等一大批精品课程。学生在"求真育智慧"的过程中探索真知、创新实践，在"崇善育精神"的过程中提升素养、养成善行，最终达到唯美品质、博大胸怀的课程文化育人目标。

"在十二中，男生能跳小天鹅，人人都爱美，这也是一种美育教育。"说到学校的形体课，李有毅颇有自信。学校在全国率先开设形体课、心理课和综合实验课，曾被称为"教育界的小岗村"。"中学形体艺术修养课程的探索与实践"荣获2014年基础教育国家级教学成果二等奖。

2017年12月，十二中的金帆民乐团在国家大剧院成功举行专场音乐会。"作为教育部首批命名的中华优秀文化艺术传承学校，我希望师生用最生动优美的民族音乐，诠释学校真善美的育人理念，传承优秀中华文化。"李有毅自豪地说，"金帆民乐团已经先后向哈佛大学、牛津大学、清华大学、北京大学等高校输送了几十名优秀学生，还两次获得全国艺术展演大奖。"

"科技教育是素质教育的重要组成部分，是学校实施素质教育的突破口。"李有毅介绍，十二中各校区均大力推进科技教育，学校建成15个科技教育实验室，还搭建了其他校内外高端学生成长平台。

"学校的创新发展要立足'精高博特'，要精准设计，要高站位，要有广博的视野，要根据学生特点定位。新成立的钱学森学校，就是致力打造'精高博特'的航天科技教育特色。"李有毅说，打造学校的特色，一定要挖掘这所学校教育的意义在什么地方。

八气教育，培养大写的人

"李校长倡扬八气修身育人，塑造学生完美人格。"学校办公室主任刘志强说，学校要求教师具备正气、志气、勇气、灵气、和气、雅气、底气、大气的八气修身素质，以此培养"大写的人"。

在十二中楼道的墙壁上，布满了各类"校长奖学金"获得者的简介，这成了学校文化一道亮丽的风景线。刘志强介绍，该奖学金是李有毅校长用她个人的国务院特殊专家津贴、正高级教师和特级教师津贴以及所获奖金等，于2010年设立的。评选对象为学校内部各个校区的在校生和学生团体。至2018年9月已举行9届评选活动，共有800余人次参与申报，其中43个团体和119人次荣获奖学金。

"校长奖学金的设立，旨在鼓励优秀学生拔尖领跑，为学生树立身边的榜样，发挥先进典型的示范导向作用。"这也是立足于李有毅自己提出的"让优秀学生领跑，让所有学生优秀"的理念。

李有毅认为，十二中的学生必须具备正气与志气的社会责任、具有底气与雅气的学术素养、具有灵气与勇气的创新能力、具有大气与和气的国际视野，这是培养"大写的人"的重点工程，也是对"八气修身"育人理念最好的阐释。

2014年暑期，学校联合国教科文组织志愿者团队赴美国参加志愿服务活动；2015年5月，学校承办了由首都精神文明建设委员会办公室等主办的国际家庭日主题活动；2016年9月学校正式成立"慈善义工社"……学生通过参与志愿服务，不仅彰显了"求真、崇善、唯美"的教育理念，也实现了公民意识、责任意识的自我形成、成长、成熟，为成为社会化的个体打下了良好基础。

2017年5月，经北京市教育委员会批准，十二中与美国詹尼森公立高中合作的"中美AP（Advanced Placement，美国大学先修课程）国际高中课程教育项目"正式启动。"这是十二中对于国际学校选择一站式教育服务的有力提升。"李有毅说。

"八气教育的精髓在于，我们培养的学生一定要智慧和精神双成长，在培养孩子的过程中，学生和教师也要双成长。"李有毅说，目前，十二中正按照学校"十三五规划"，让"八气修身"育人理念逐步落地；在接下来制订的"十四五规划"中，将会设置相关学校课程并渗入学生德育中，而且从小学到高中进行贯通。

"你用宽广的胸怀来包容这个社会。包容别人，就等于包容自己，所以我们用八气修身来支撑我们的真善美，我们用德育的真善美体系和课程的真善美体系，来支撑我们的这个办学理念。"在李有毅心中，她把十二中的学校教育定位于"真善美教育"并为之坚守，而她也在通往"真善美"的光辉征程中奋斗不止。

发现之旅的引领者叶丽琳①

分数只是起跑线的表象之一，激发和提升孩子的学习力、沟通力、判断力、共情力等，才是真正的起跑线。

——叶丽琳

叶丽琳（右五）在冠冕礼上与学生合影。邵毅斌 摄

小档案

叶丽琳，中学正高级教师，广东广雅中学党委书记、校长，广东省第十三届人大代表，广东省中小学校长联合会副会长，教育部"国培计划"专家库成员，华南师范大学基础教育研究院客座教授，华南师范大学"4+2"模式教师教育兼职硕士研究生导师，广州市基础教育系统首批教育专家。

① 刘盾：《叶丽琳：发现之旅的引领者》，载《中国教育报》，2018-10-31。收入本书时有改动。

　　"化学的灵魂，就是变化。奇妙的化学世界，激发我不断探知、求证的兴趣。"广东广雅中学 2016 届学生王子凡，发现自己的兴趣所在后，在学业上一路高歌猛进。他以共同第一作者身份，在英国皇家化学学会期刊上发表论文。

　　王子凡的成长蜕变，开始于叶丽琳的"发现"之旅。作为广雅中学 130 年校史中的首任女校长，叶丽琳给广雅中学厚重的文化底蕴注入了一股澎湃的创新力量。近年来，她用"发现"的教育主张，创设丰富多元的成长平台，让发现成为习惯，让发展成为必然，实现学生、教师和学校的和谐发展。她坚信，"发现，让教育更和谐"。

"发现"才能更好地因材施教

　　在广雅中学，一间由学生自主经营、自负盈亏的咖啡屋，成为学生黄文双施展才能的舞台。在这儿，她发现更自信的自己。

　　"近年来，一些学校固守'分，分，分，学生的命根'，片面追求升学率，教育模式和授课方式单一，忽略学生兴趣培养和思维发展。"让叶丽琳担忧的是：为了让学生在竞争中更胜一筹，教师们不愿等，不断扩展教学内容、加快教学节奏；为了让孩子不输在起跑线上，家长们不愿等，各种兴趣班、补习班填满了孩子的课余时间。

　　"不让孩子输在起跑线上，这条线到底是什么？"叶丽琳用发现的眼光，探寻起跑线背后的本质，"分数只是起跑线的表象之一，激发和提升孩子的学习力、沟通力、判断力、共情力等，才是真正的起跑线"。她认为，在未来社会的"无人区"中，创新性思维、批判性思考等素养才能为学生提供强大的"荒野生存"能力，助力学生走上制高点。在发现中因材施教，能助力这些核心素养"生根开花"。

　　和谐教育是广雅中学的办学理念，这启迪着历届校长思考如何让教育更和谐。叶丽琳对此有自己的理解，"实现和谐教育境界的根本途径在于发现"。

　　"让师生正确认识自己，悦纳自己，发现最好的自己。"长期的观察和思考让叶丽琳深刻意识到：只有发现教师的潜能，教学才能百花齐放；只有发现学生的禀赋，学生才有无限发展的可能。

在给家长作讲座时，叶丽琳曾提到，教育就是让孩子发现最好的自己。教育者的作用不是为学生"筑高楼"，而是扮演"营养师"，为孩子成长提供适合的养分。教育要家校努力，共同营造环境，引导孩子发掘天赋并以独有的方式呈现出来。

发现，正是广雅中学站在新的历史时期，基于对历史文化的传承以及对当下教育和未来发展的思考所提出的教育主张和实践探索。"'发现'是'发展'的前提，'发展'是'发现'的升华。"在叶丽琳的推动下，该校站在每一个不同生命个体的角度，创设条件激发、唤醒师生主动性，让师生发现最好的自己。

让教师成为发现的"领舞者"

"发现"教育并不仅仅是针对学生而言，对教师亦是如此。广雅中学教师彭韶冲从实验室教辅人员变身成为校本课程教师登上讲台，就是一个典型的例子。

"学校鼓励并支持教辅人员结合专业所长为学生开设校本选修课程，这为我们发现自己的特长提供了平台。"在观鸟课程的授课过程中，彭韶冲发现了自己的绘画潜能，于是利用闲暇时间尝试画鸟类图鉴。通过网络，他的作品很快被《中国国家地理》图书部的翁哲发现，并受其邀请加入了《中国野生鸟类》系列图书的手绘鸟类图鉴工作。这是一套首次完全由中国人自己手绘的全中国鸟类论著，在中国鸟类学图书出版中具有划时代的意义。

"一个人走得快，一群人才能走得更远。"在叶丽琳眼中，"发现"教育是为了更好地因材施教，根本落脚点是为了学生。但首先要让教师成为发现的"受益者""践行者""同行者"，这样才能共同画好"发现"教育同心圆。

广雅中学语文教师刘炳瑞毕业于北京师范大学，但大学所学并非师范专业。在工作的前两年，刘炳瑞在教学上跌跌撞撞，一度迷惘彷徨。在叶丽琳的引导下，他发现了自己作为学者型教师的禀赋优势，慢慢学会了在课堂上如何有效降低理论的难度，适度提升思维的深度。如今，刘炳瑞的课堂得到了同事和学生的高度认可和赞赏。

"我们帮助教师认识和发现自我价值，发掘自身潜力，同时培育发现素养。"如何让教师先于学生成为"发现者"，叶丽琳颇有心得，"教师要先发现自己的'闪光点'，将特长开发成课程，汇聚成引领学生前行的一束光"。

为了更好地引领示范，叶丽琳亲自带头开发设计课程。2015年，她率先在全校范围内开设了一门跨学科、跨领域的融合课程——"伟大的大航海时代"，带领学生从多元维度探索大航海时代的物种大交换和文明大冲击。

"融合课程为我的教学提供了一种新的视野和思路，让我开始尝试以主题研讨的形式，打通学科界限，进而培养、训练学生的思维能力和综合素质。"广雅中学生物教师苏科庚在参与叶丽琳的融合课程开发过程中获益匪浅，他把自己所学的生物知识和历史、政治等学科知识进行融合，承担了"茶贸易与茶战争"课程的教学。

叶丽琳欣喜地发现，教师们紧扣发现教育内涵，"八仙过海，各显神通"，创造性地开发、实施博雅特色课程500多门，为思维而教，为未来而教。教师们逐步成长为课程研发和实施的驾驭者，成为"发现"教育的"领舞者"。

多平台助学生成就"最好的自己"

广雅中学学生黎楚涵是一名观鸟爱好者，在彭韶冲的辅导下，他的观鸟技能与理论知识与日俱增。这激发了他的潜能，释放了他的创造力。2017年，他参加广佛肇中小学生观鸟实践与理论知识邀请赛，获得了一等奖。

"老师要善于发现学生的闪光点，还要让它'星火燎原'。"叶丽琳认为，教师除了"传道、授业、解惑"外，更重要的是对学生的发现、发掘和发展。

由于喜欢美术教师林智伟的教学风格，黄文双选择了林智伟开设的篆刻课程。"篆刻创作过程具有趣味性、实践性、创造性，让我变得更加心灵手巧。"

现在篆刻成了黄文双放松心情、陶冶情操的爱好。

"多元课程是学生发展的黄金跑道，当他们发现自己的优势时，就犹如上了高速公路。"在叶丽琳的推动下，广雅中学为学生提供了"私人定制"式的课程套餐。而她率先在全市高中学校推行实施的分层教学、选课走班的管理模式，更是让学生找到适合自己的"阳光大道"和"专属跑道"。

2018 年 5 月，广雅中学在学校体育馆举办了第二届高中生模拟人才招聘会，80 多家企事业单位派出人力资源部门的面试官，为千余名高二学生进行了模拟面试，为学生的生涯规划"把脉开方"。通过模拟招聘会这座桥梁，广雅中学的学生有了更多与企业交流对话的机会，也对自己未来的职业走向和生涯规划有了更深入的了解和思考。

为让发现成为习惯，让发展成为必然，广雅中学还为学生提供了多种展示平台和多维发展指导。例如，该校率先在全省成立了学生发展指导中心，为学生创设"躬耕园"、创客中心、电视台、咖啡屋等各种体验平台。

"学校给我提供了一间专门的化学探究室，我在这里发现了最好的自己。"借助于学校的创新实验探究室，广雅中学学生潘俊琨迈进了科学研究和探索的乐园，乐在其中。毕业时，由于各方面表现出色，他收到多份世界排名前 30 的大学的录取通知书。

"能发现自己特长的学生是幸福的，因为他前面有一座光明的灯塔引领他披荆斩棘；能发现自己优势的老师是幸福的，他在教书育人岗位上开拓创新，成就学生也成就自己，成就自己也成就学校。"在新的起点，师生成长的个案，让叶丽琳更坚定了"发现"教育主张，她带领师生再一次踏上精彩的"发现"之旅。

致力于学生新气象培育的校长
庆群①

一个时代有一个时代的气象，一个国家有一个国家的气象，一个人有一个人的气象。"铁一"培养的学生，就该有抱负，有担当，呈现出新气象。

——庆群

学生成人礼上，庆群与学生击掌相庆。　肖苗　供图

小档案

庆群，陕西省西安市铁一中学党委书记、校长，陕西省青少年科技教育协会副理事长，中国教育学会理事，中国教育国际交流协会中外合作办学专业委员会理事。曾获全国优秀科技工作者、陕西省优秀共产党员、陕西省三八红旗手、陕西省教科研明星校长等荣誉称号。

① 冯丽：《庆群：培育学生新气象》，载《中国教育报》，2018-11-28。收入本书时有改动。

她是孩子们的知心校长，视学生如子女。运动会上下雨了，她立即嘱咐学生餐厅的师傅给孩子们熬姜汤；高三模拟考试后，有几个学生情绪波动比较大，她在出差返途中，转乘时专门买了地方小点心送给孩子们；她特别开设"校长茶时间"，和孩子们近距离对话，关心他们的学业发展，更关心他们的心理成长；"校长信箱"里不时有孩子们的知心话语，无论工作有多忙，她都会认真阅读，及时回复……

她不是一个强势的校长，却引领着一所强大的学校。多年来，学校重点本科的上线率始终保持在99%以上，本科上线率达到100%，获得过全国艺术教育先进单位、国家级体育传统项目学校、全国青少年科技教育先进学校等称号。

她坚持给每个孩子最适合的教育，把培养具有正确价值观的人、身心健康的人、具有自主发展力的人作为己任。她常常讲，一个时代有一个时代的气象，一个国家有一个国家的气象，一个人有一个人的气象。"铁一"培养的学生，就该有抱负，有担当，呈现出新气象。

她的名字叫庆群，是陕西省西安市铁一中学（下文简称"西安铁一中"）的校长。

规范行为，放飞思维

"短发妹子"是西安铁一中的标志之一。学校要求学生一律留短发、着校服、佩校卡。对这项规定，很多人曾有不同声音。庆群坚持："自由是建立在纪律之上的，规范行为的目的是放飞思维。"她希望通过严格的制度培养学生的规则意识、平等思想及节俭作风，引导学生积极进取、健康成长。

"责任"与"荣誉"是西安铁一中校训中的关键词。为形成责任人所共有、荣誉人所共求的精神，学校不断更新管理理念，健全管理机制，利用各种途径培养学生的责任意识，逐渐形成了特色鲜明的责任文化。每周一国旗下讲话、主题班会等，都深化了学生对学校精神文化的认识；"每周纪律卫生轮值制""班团干部联席制""学生民主监督制"等自主管理措施，也让学生最大限度地参与学校管理，将"治"与"导"、"他治"与"自治"融为一体，极大增强了学生的主人翁意识，使校园里人人有责在肩、人人负责在先。

"自主管理让学生由消极的被管理者，变为积极的管理者。所以，学生逆反心理没有了，进而了解并主动维护学校的各项规章制度。"庆群说，"自主管理的核心是自我教育和自我管理，这是根治'巨婴'和'精致的利己主义者'最好的药方。"她想通过自主管理，使每一名学生都能养成重责任敢担当的品质，自觉对自己负责、对他人负责、对集体负责、对社会负责。

学校经常组织"慈善义卖""志愿交通岗""保护秦岭捡拾垃圾志愿服务"等社会公益活动，校园电视台定期播放《观天下》《一周热点解读》等节目。庆群坚持在学校开展这样的活动，就是为了将爱国奋斗、文化自信、责任担当和家国情怀等，潜移默化地植入学生的血脉。正是在这样的精神浸润下，孩子们的大爱之心逐渐茁壮成长起来：他们自发赴儿童村慰问，他们创办杂志支持慈善事业，他们参与多项社会活动，近年来他们自发募捐善款已近20万元……

学校在强化责任意识的同时，还及时发现并肯定学生的每个闪光点，开展赏识教育。除传统的"三好学生""优秀干部"外，学校设有"班级十星""校园之星""优秀特长生"等多个奖项，每学期全校近80%的学生受到各种表彰、奖励。几乎每个孩子都记得从庆群校长手里接过这些荣誉的难忘时刻。

丰富活动，点燃梦想

"这里有最美的短发和校服，最炫的艺术节，最热闹的商贸集市，最锻炼毅力的越野赛，最有意义的文化节，最有情怀的学长学姐返校会……"正如获得新加坡管理大学奖学金的毕业生陈同学所说，"活动多"几乎是每名西安铁一中学生最直接、最深刻的感受，更是他们津津乐道、念念不忘的美好记忆。

在跟孩子们共同成长的过程中，庆群带领广大教师创设各种条件，开展丰富多彩的实践活动，让学生从课本走向生活，从校园走向社会，从被动接受走向主动体验，在一项项活动中自我锤炼、自我发展、自我完善。

"庆校长很注重活动的仪式感。像每年高三的成人礼，她都会和每一名学生握手，给予他们温暖与鼓励。一场活动下来要握几百次手，这极大提升了活动的教育成效。"副校长龚少华说。多姿多彩的校园活动吸引着学生参与其中：新生拓展训练、野外生存体验、研学旅行等系列主题活动，让学生走出校门，体验社会；爱心捐助、课桌文化、感恩母校等系列主题活动，让学生丰富情感、提升思想；体育节、艺术节、科技节、中秋诗会等节日文化活动，让学生施展才华、成就自我；辩论赛、学生会竞选、模拟联合国等活动，让学生激扬青春，明辨是非；"南北极科考""美国国家航空航天局探索之旅"等活动，培养了孩子们的科学精神，激发了他们的创新意识。

"素质教育不是空口号，我们的目标就是素质与成绩兼优，全体与全面并重。"庆群说。学校在开足开齐艺体课程的同时，还开设插画设计、纸雕塑、陶艺、艺术摄影、跆拳道等选修课，组建交响乐团、击剑队、戏剧社、魔术社、航模队等 60 余个学生社团，参与学生约占全校人数的 50%。特长生全部以文化、专业"双优"的成绩升入高校，多个学生艺体团队走出国门参加专业比赛或文化交流，取得多项国际比赛大奖。学校连续 16 年承办陕西省"春芽杯"中小学生艺术比赛，连续 5 届代表陕西省参加教育部举办的全国中小学生艺术展演，共获一等奖 9 个，二等奖 14 个，总成绩全国领先。

"西安铁一中是我创业梦想开启的地方。"曾是亿航智能集团联合创始人、福布斯榜单 30 位 30 岁以下青年企业家之一的熊逸放，对母校每年艺术节的商贸集市活动印象尤其深刻，"大家充分发挥自己的营销技能，施展无限创意，摆小摊卖书、卖小吃……我的创业梦想就是在那时被点燃的。"

探索课程，激发智慧

"优秀 + 特长"，是学校激励学生全面发展的努力方向。庆群引领教师们积极探索多元化的课程体系，让学生学会做人、学会办事、学会协作、学会求知、学会健身、学会审美。

在优化国家课程、开发校本特色课程的基础上，学校搭建"一体四翼"立体课程体系：以国家必修必选课为体，以国家选修课、校本选修课、校本特色课程、大学先修课为翼。学校开设近10门大学先修课和70多门校本选修课，涉及学科拓展、社会生活、人文素养、技术技能四大领域。学校实行走班制教学，学分认定与阶段测评均纳入学生综合评价体系。

学校成立专门的艺体管理中心，开发社团活动校本课程，构建具有"课程化"教学要求、可操作性强且灵活多样的课程体系。现已开发出演奏、舞蹈、素描、国画、装饰画、平面设计、辩论与演讲等多门选修课。学校牵头并完成的陕西省重大课题"普通高中艺术体育教育实践与研究"成为全省推广案例。

"3D打印就像纳鞋底一样，一层底子一层胶……"2018年11月2日，中国工程院院士王华明的"高性能大型关键构件增材制造（3D打印）技术及其对重大装备制造业的影响"报告吸引了现场师生。类似的高端讲座，西安铁一中每年都要组织多场。作为"主题讲座课程化"实践与研究的探索，学校邀请专家定期举办科技、人文、艺术等方面的系列讲座，让学生近距离感受大家风采，营造爱科学、崇尚科学、崇拜科学家的氛围。

丰富多元的课程文化为学生全面发展提供了广阔空间，激荡起一个个智慧火花。学生参与各学科研究性课题的人数逐年增加，平均每学年完成课题300余个，获国家发明专利数十项。学生参加全国青少年科技创新大赛、"明天小小科学家"评选、机器人挑战赛等，成绩骄人。

"我们要让每一个毕业生具备优秀的综合素质、卓越的办事能力、鲜明的个性特长、强烈的进取心和求知欲，成为社会的有用之才。"庆群说。如今，学校以输出"名校品质"为核心，通过组建西安铁一中教育联合体，推动优质教育资源均衡覆盖，从而让越来越多的孩子拥有更有力的翅膀，向梦想飞翔。

用土方法播下热爱教育的火种的
校长李秀芬①

面对成长中的生命，只有努力做到最好，
心里才踏实。

——李秀芬

李秀芬（右三）参与学生"五彩假日"活动，与学生一起做绢花。 王东升 摄

小档案

李秀芬，内蒙古自治区兴安盟扎赉特旗音德尔第三中学党支部书记、校长。
自 2003 年担任音德尔三中校长以来，她把一所薄弱学校办成有口皆碑的好学校。
学校获得全国足球特色学校、内蒙古自治区先进集体等 60 余项殊荣，成为远近闻
名的优质学校。

---

① 郝文婷：《李秀芬：播下热爱教育的火种》，载《中国教育报》，2018-12-12。
收入本书时有改动。

"再不好好学,就送你上三中!"这是内蒙古自治区兴安盟扎赉特旗音德尔镇老百姓曾经训诫孩子的一句家常话。如今曾经"垃圾纸屑随处扔、打架斗殴成常态、不比成绩比拳头"的音德尔第三中学(下文简称"三中"),教学和管理连续 8 年居全旗第一,学生综合素质也表现优异。"我就是用了些土方法,让学校好起来,让老师们爱上工作、爱上教育。"常常面带微笑、很少会大声说话的女校长李秀芬,正是让这所曾经的薄弱初中实现华丽蜕变的人。

最急需:找到存在价值和希望

在任三中校长前,李秀芬就以善于管理而出名。尽管有经验,但三中薄弱的家底,仍给了她一个措手不及:两排平房、一块土操场,教室门框都残缺不齐;各科成绩很差;上岗的第一天,宣布任职的领导还没走,邮局和电业局等部门就来催促缴费了。

没有经费维持基本运转,先拿家里的存款垫上;硬件太差,积极争取资金和项目……但这些似乎都不是关键问题。问题在哪儿?李秀芬走进教师办公室、课堂,看大家做事情,听大家说想法,给自己理思路。

不久,李秀芬出了第一招——定制度、立规矩。"治理一所学校需要制度,要改善一所薄弱学校,更需要制度,而且是有力度的制度。"李秀芬说。在深入了解校情中,她看到最大的问题是管理涣散:教师有没有充分备课,没人管;教师上课迟到、早退,这都不是事儿……于是,她就把力度下在最薄弱、最关键的环节,出台岗位考核方案,严格考勤管理,并顶着重重压力,推行结构工资改革。"不能让老师干好干坏一个样儿,否则教育局再怎么给政策、给资金都没用。"李秀芬说。

接着,使出第二招——提士气、聚人心。对教师,大张旗鼓搞合唱比赛、团体操比赛,一遍又一遍地训练。几个月后,全旗团体操比赛中,三中教师团队获得第一,结束了三中从来没拿过名次的历史。"听到获奖名次的那一刻,我们像孩子一样扔掉帽子、高高跳起、大声欢呼,转身又三三两两抱头痛哭。"在三中工作多年的李靖至今仍记得十几年前的这个场景。对学生,李秀芬动员所有教师为 600 多名学生开出 34 个兴趣小组,虽水平不高,但她首先要做的就是"让踢门的脚去踢球,打人的拳头去打鼓"。

外界开始投来新的目光,生活在这里的教师、学生开始爱上这所学校。不过,家长依然担心:"孩子考不上高中咋办?"李秀芬果断出了第三招——小学科突破,先从政治、历史等几个初中零起点教学的学科入手,下大力气提高教学质量。一年后,初二年级 9 科会考,三中 4 科在全旗名列前茅。

"虽然我知道办学不能有功利之心,但当时就是要想尽办法争第一,因为我们的老师、学生急需在这所学校找到存在的价值和希望。"李秀芬说。

为了提升教师队伍素质和学生基础学科成绩,李秀芬做了更长远细致的规划:成立教研室,大量派教师外出学习,每年拿出约 30 万元用于教师培训;对于语文这样的基础学科,坚持放慢脚步,重在培养学生的语文综合素养;改变评价考核方法,学生学业成绩和教师教学业绩考核都从横向比较改为纵向的成长性评价。

3 年后,三中各学科整体成绩大幅提升;5 年后,跻身全盟 50 多所旗县初中校前列,持续至今;近 5 年,学校承办了 40 余个现场会,接待同行参观交流近 3 万人次。

最骄傲:学生个个都文武双全

在大多数人眼里,三中的变化,是教学成绩竹笋拔尖儿似的一路飙升,但在三中教师们眼里最骄傲的是,自己的学生个个都文武双全。

"不寻求适合教育的学生,只寻求适合学生的教育,给有差异的学生有区别的适合教育,让每个学生都出彩",是三中一以贯之的办学理念。

自 2007 年起,学校将兴趣小组发展为 6 大类 181 个社团,学生参与率100%,并制定了详细的社团管理和评价细则。同时注重将德育、美育、劳动教育融合贯穿其中。例如，在手工制作活动中，教师会设计"为家人送一份礼物"等主题活动，弘扬中华民族孝老爱亲传统美德。自 2017 年起，学校推进社团活动课程化，将对学生兴趣爱好的培养，拓展为对学生全面发展核心素养的培养。如今，学校已形成"2+3+N"素质培养模式，即学生 3 年内要掌握 2 项运动技能，学会 1 种乐器、1 门手工和软笔书法，同时要有其他兴趣特长，为全面发展拓宽道路。

不过，这些社团活动和校本课程只是撑起了办学理念的骨架，如何才能使其血肉丰满？"我们充分利用一切空间和课余时间，为更多学生搭建发展和展示自己的平台。"李秀芬说。学生吴志凯通过钢琴十级后，一直想办一个独奏音乐会，学校就帮他实现了这个心愿；有名学生个人藏书 2000 余册，学校就给他办了一个读书达人擂台赛……就这样，除了运动会、艺术节、科技节等活动，一场又一场的个人专场演奏会、书法展、擂台赛、达人秀等，在三中很多学生的青春记忆中，留下了浓墨重彩的一笔。

针对每到单周寄宿生不回家的情况，学校开设了"五彩假日"活动。学校将学生餐厅更名为"雅品厅"，学生在这里除了品食香，还能品诗香、书香、墨香、艺香，每周学生都要在这里开展诗歌朗诵、好书分享、书法展演等活动。随着活动种类增多，一间厅不够用，再增一间，名曰"雅艺厅"，每周六为寄宿生播放电影，每次看电影前都有个"黄金 1 小时"供学生自愿上台进行才艺表演。由于申报人数太多，时间总也不够用，学校就在每天上午课间操期间，再增加一个"黄金 300 秒"，让更多学生有上台展示自己的机会。

"这些平台的搭建，不仅是为了让学生展示、炫技，而且是为了给学生树立一个身边的榜样，对学生理想信念进行培养。"副校长王东升说。不仅如此，学校还在教学楼楼道里挂满历届"感动中国"获奖者的事迹介绍，组织开展校友故事会等，将校训定为"承儒蕴雅、见贤思齐"，让师生学会用欣赏的眼光看待身边的人，向身边榜样看齐。

最欣慰：教育情怀与追求被唤醒

记者采访时，已任音德尔五中校长的柳成龙，还一直保留着多年前在三中一次校级比赛中获得的一个保温杯。

"那是李校长颁发给我的。"柳成龙说，"她点燃了我们对教育的激情与热爱。"同柳成龙有着同样感受的还有努文木仁中心校校长李靖、音德尔七中筹建办主任张立伟、三中教学副校长张洪林……大家都说，李秀芬不仅办好了一所学校，还带出了一批校长和骨干教师。

"作为一名学校领导干部，要善于唤醒身边每个人的教育情怀与追求。"李秀芬从发现每个人的长处做起。首先，重塑学校正向的评价文化。例如评课，即使不是一节很成功的课，也要找出3条长处，指出1条不足，其余的下次再说。其次，李秀芬非常重视给师生精神和情感上的认同。学生文体活动、赛事项目，李秀芬都会在台下从头待到尾；每位教师结婚，她都会到场献上一段亲手写的祝词，告诉所有人这位教师在学校的付出与成长；坚持在全校师生中开展"采集亮点百张"等活动。这样，让"欣赏不亚于重赏"，成为学校文化的重要内容。

仅仅有对教育的热爱和追求是不够的，专业上的不断精进才是教师成长持久的动力。为此，李秀芬从培养一批能带队伍的优秀干部入手。他们被要求"德为先"，对于任何评先评优机会，都不能和普通教师争；在教学管理中，要做真正的"领头雁"，除校长、总务主任外，所有人都要兼课，并要带同年级基础最薄弱的班；加强培训是家常便饭，每周学校都召开干部培训会。"最重要的是，李校长给我们创造了发展的平台和机会。"张立伟说，"任何展示的机会她都先把我们推到台前。"

对于普通教师的成长，学校构建起立体式培训培养机制，有全面培训规划，也有对不同成长需求教师的专项培养方案，还有促进每位教师形成自己教学主张的个性化指导。

"在三中，我们不会让任何一个人被遗忘在角落，我们会努力发现每个人的闪光点，让每一个人都感觉到自己很重要。"李秀芬说。看到门卫擅长手工，李秀芬就让她带社团，后来开发出全校的一门校本课程；听说新来的会计原本是学数学的，李秀芬就让他"捡起"本专业，直至成长为数学骨干教师……"正是因为有这样的学校文化，所以三中每个人都能独当一面，即使一年调走 2 位副校长学校也丝毫不受影响。"张立伟说。

十几年从未离开三中的李秀芬，在扎赉特旗的大地上，播下了热爱教育的火种。

"长情于教育　专精于树人"的校长熊绮①

教育是一项长情的事业，需要有情怀，需要用心用情。

——熊绮

校长熊绮与学生促膝谈心。资料图片

小档案

　　熊绮，江西省南昌市第一中学校长，中学高级教师。全国创新校长、全国五一劳动奖章获得者，江西省教育督导评估专家、南昌市督学专家、南昌市优秀教育工作者、南昌市"十佳"优秀校长，"校长国培计划"——卓越校长领航工程中小学名校长领航班成员，江西省教育工会兼职副主席。

---

① 甘甜：《熊绮：教育是一项长情的事业》，载《中国教育报》，2019-04-10。收入本书时有改动。

4月，江西省南昌市第一中学（下文简称"南昌一中"）万物萌动。办学100多年来，校园里相继走出吴有训、胡先骕、黄家驷、邓从豪等22位院士，还有翻译家许渊冲，计算机专家洪家威、涂序彦，国画大师刘勃舒，作曲家辛沪光、颂今，歌唱家徐有光等一批杰出人才。

记者采访当天，学校"掌门人"熊绮刚从集团校新宿舍的工地上赶回来，又急着去接待从英国远道而来的考察团。待到坐下泡起一杯茶后，长发披肩、嘴角带笑的她，逐渐透出优雅与知性。生于教师世家，走过了30多年的教育生涯，对于教育，熊绮有自己的坚守、坚持与坚定。2018年，教育部中小学卓越校长领航工程"熊绮校长工作室"授牌成立后，她将更多的精力放在了管理梯队建设、名校区域带动与教育集团发展活力激发上。

"情怀是干出来的"

最初，熊绮只是从祖辈、父辈身上认识到教育需要用心、用情。

熊绮的祖父精通多国语言，钟情中华优秀传统文化，会在课堂上激情澎湃地讲诗歌。他退休后，每次见到熊绮，就爱听她说学校里的事。熊绮的父母都是南昌一中的学生，毕业后都回到母校教书，随后又各自被调入盲童学校和启音学校，从事特殊教育工作。

"从小目睹父亲为了那群特殊的孩子四处奔波忙里忙外，为让学生能更好地立足社会，20世纪80年代，父亲还开办了第一所由学校创办的按摩医院；母亲调入启音学校后，担任班主任，周末还常常把学生接到家里来玩。"熊绮记得，小时候家里的周末总是特别热闹，听不见声音的孩子，总是大声发出各种声响，但父母总是耐心地照料着他们。

熊绮17岁师范毕业后走上讲台，从一线教师到分管教学工作的校领导，从当地学校最年轻的一把手，转为全面主持党务工作的书记，走过不少学校，历任多种岗位。她从不同视角审视教育教学和学校管理工作，在认识到教育的多样性、可塑性、发展性的同时，将"干一行、爱一行、能一行、精一行"当作人生信条。

2014年，熊绮调至南昌一中担任校长时，正值学校声誉滑坡的低谷阶段。

迎难而上。熊绮一方面主动融入名校的厚重文化中，充分尊重、认可原有的优秀教师群体，抓管理、强服务，消除教师的职业倦怠，挖掘其内生动力；另一方面注重学生人文精神的培养，使学校在教育教学质量、校风、教风、学风、校园环境、教师生活等各方面，都有了新的变化，百年名校再度获得师生爱戴和社会认可。

问她有何治校诀窍，她只是哈哈一笑说，以人为本、脚踏实地。"教育是一项长情的事业，需要有情怀，需要用心用情。"熊绮补充说，"但情怀是干出来的。"

"做能做的事儿"

曾有一件小事让熊绮念念不忘。在一个大型的教育分享会上，当熊绮分享做教育的幸福之后，随即接话的校长却说出一大堆的苦恼与牢骚。

"基础教育队伍里有一些校长很有才，也看了不少书，却容易陷入对现实的不满与批判中。"从教34年，熊绮也遇到过不少困难，不断地解决问题，收获成长，快乐也随之而来。

"基础教育在不同时期有不同的改革目标与政策，但以学生发展为本，却是个不变的主题。做校长的要对办学的前景目标有个清晰而正确的定位，做能做的事儿，有自己的坚守、坚持乃至坚定。"熊绮清楚，教育形势不断变化，教育管理者必须有远见、有创新、有担当。除了要脚踏实地落实相关政策外，还要结合学校自身发展的实际情况，进行创新型思考。

在担任南昌市外国语学校分管教学的副校长时，熊绮紧扣学生个性化发展的需求，打造外语特色，最终使学校被教育部批准为"具有高校保送生资格的外国语学校"。

来到南昌一中后，高中教材开始全面修订，并首次把学科核心素养纳入其中。如何全面发展学生核心素养？

为此，学校在打造"国学人文"特色校园文化的同时，内以特色课程为抓手培育深厚学识，外以实践活动为依托锻炼综合素质：开设兴趣选修走班课、博雅大讲坛，并开设每个学期 4 学分的研学旅行课，高一上井冈山接受革命传统教育，高二进工厂体验社会生活。

在南昌一中的初三，没有各类中考冲刺、动员会，有的只是感恩活动。在高三，没有高考宣誓大会，有的只是仪式感强烈的成人礼。

作为南昌市对外交流的窗口学校，南昌一中还与新加坡、日本、德国等国家及地区的中学缔结为友好学校，并定期进行互访交流。学校致力推进课程国际化建设，还开辟了通向国外名牌大学的绿色通道。

2015 年，南昌市通过组建义务教育"联盟"促进优质教育均衡发展的政策出台后，学校又主动融合南昌市第八中学与桃花学校，走上了集团化办学的道路。

"各个校区分布分散，且为多法人结构，管理入手不易。我们就从抓教研开始，这也正是市局成立'联盟'的初衷。"熊绮寻思着，通过实施教育集团发展带动战略，最大限度地输出主体校南昌一中在课程建设、文化建设、德育活动、师德师能培育等各方面的有益经验；另一方面将各个校区的活动、教研、考试等各项教育教学活动同步起来，共建共融。于是，名校的品牌效益最大限度地得到了发挥。

"教师也是最宝贵的资源"

"熊校长在工作上要求严格，追求完美，强调所有中层以上的干部必须首先做好服务，让教师安心教学。"学校中层干部涂圮凡说。熊绮对管理者的要求严格到了近乎苛刻的地步，却很少批评教师。

一群质朴勤勉的优秀教师薪火相传，为国育才。熊绮认为，南昌一中最宝贵的不仅是校史、校友，还有那批勤恳又清贫的教师群体。善待教师、做好传承是学校需要坚守的第一要务。

走上集团化办学之路后，如何充分发挥名师共享作用，实现区域教育优质均衡发展？这对教师队伍建设提出了更现实的要求。

熊绮将名师带动工作作为常抓不懈的重头戏，设计了"南昌一中教育集团'名师带动计划'工作方案"，选拔各校区的省市级学科带头人、骨干教师，采取师徒结对、帮扶等形式，通过集体备课、示范课、观摩课、同课异构、网络研修、经验交流以及读书活动等方式，促进青年教师提升师德素养，掌握先进的教育理念；在更新教材教法、运用教育技术、进行校本教研和驾驭课堂、管理班级与学生等方面的能力上，获得全面提升。

听一堂课，上一堂课，师徒共读一本书，写一篇论文，做一次微课题研究，参加一次外出学习……集团对每位名师提出"七个一"的要求。集团通过"名师带动计划"启动仪式，让各校区青年教师拜师学艺，并对师徒双方提出具体要求，实施各自考核方案和奖励办法，发挥好名师的示范引领作用。

由集团学校教科处牵头成立的青年教师联合会，设计了"教师成长规划方案"。它围绕着文化共建、教科研互动、教师互动、专业培训 4 个方面搭建平台，打造青年教师专业成长多元化发展的升级路径。

集团各校分学科、分主题、有次序的联动教研，让广大中青年教师参与到集团的各类"大教研、大讨论、大成长"活动中来。集团组织青年教师上汇报课、展示课、交流课、新秀杯课来提升自己的专业素养，确保教师参与度达到100%。

通过举办开放日活动，将名师示范课、新秀展示课、优课走校课、特色活动课推向全市展示。"优课共享、好课走校"，让优秀教师送好课成为集团教师成长的平台与动力。继好课走校活动后，集团又根据各校区教学特色和优势，推出 8 个学科的优课向全市展示……

　　一批教师主动从"教书匠"转变成"科研型、专业型、教育家型"教师，青年干部比例也由 5 年前的 15% 增长到了 50%。

　　"打造出一支专业度高、向心力强、获得感强的队伍，我们才能真正说教师职业是一个含金量高的职业。"熊绮补充说，"这也是教育人该有的担当。"

以自主环境育"千差万别"
学生的校长裘建浩[①]

　　我们能提供给学生的教育，不仅是为大学
做准备，更是为迎接未来的人生做准备。

——裘建浩

小档案

　　裘建浩，浙江省宁波效实中学校长、党
委副书记，享受正教授级待遇的中学高级教
师，浙江省化学特级教师，宁波市首届名教
师。全国优秀教师，浙江省第十三届人民代表
大会代表。曾任宁波效实中学副校长，宁波外
国语学校党总支书记、校长，宁波市第二中学
党总支副书记、校长，宁波市海曙区教育局党
委书记、局长等职。

① 史望颖：《裘建浩：以自主环境育"千差万别"学生》，载《中国教育报》，
2019-04-17。收入本书时有改动。

在万物生长的季节，浙江省宁波效实中学（下文简称"效实"）首届"效实 TALK"（效实说）举行，师生以中英文演讲、演说的形式，分享个人对学习、社会、人生等方面的思考和探索。学校名字取自严复所译《天演论》中的"物竞天择，效实储能"。建校 100 多年来，效实已培养了 4 万余名优秀学子，其中包括我国首获科学类诺贝尔奖的屠呦呦，以及童第周等 9 位中科院院士与周光耀等 6 位中国工程院院士。

"学生们从自己的兴趣爱好或研究点出发发出自己的'心声'，体现了效实学子的思维能力和担当意识！"身材高大、温文儒雅的校长裴建浩说。近 2 年来，他想方设法为学生搭建各类舞台，给丰富多彩的效实文化注入新的活力，让学生在全面发展的基础上个性飞扬！

喜欢看到学生一天天的变化

2017 年 7 月初，效实换帅，裴建浩成为这所百年名校的第十三任校长，消息令人意外。因为，裴建浩此前的职务是海曙区教育局局长，不当局长当校长，这并非常态。而裴建浩的回答异常朴实："学校更有活力。这种活力体现在学生一天天在变化、在成长，看到学生的成长自己也在收获。在学校有更多的空间和自由度来做自己喜欢的事，这种空间主要是想象的空间，能把自己心中的理想付诸实践，而我心中的理想是着眼于人的成长。"

除了喜欢学校，选择当校长还有一部分原因是源于他对效实的感情。裴建浩 1986 年从师范学校毕业，教育生涯就起步于效实，到 2009 年离开，在效实整整工作了 23 年。在效实，他从一名普通教师成长为浙江省特级教师、全国优秀教师，从一名班主任一直做到了副校长。"是效实培养了我。"裴建浩说。

作为一所百年名校，效实一直贯彻"施实学为主旨，作鼎革之先声"的办学宗旨，遵循"求适务实"的办学理念，强调教育要适人、适时、适地。

"回归"效实以后，裴建浩就在思考如何传承历史。尽管对效实已经非常了解，他还是一头扎进了学校校史馆，从头到尾翻阅校史，梳理各个时期校长的办学理念，全面了解历史。与此同时，他第一时间找来效实中层以上的教师一个一个进行谈话，了解效实当下的校情和发展动态。

"裘校长是带着一腔热情来的。"对于裘建浩此次的回归，效实的老同事发现他身上有着变与不变。变的是他拥有了更高远的办学目标、更宽广的国际视野和更清晰的教育思想；而始终不变的是他对教育的热情和待人做事的谦虚严谨，依旧那样全身心扑在教育事业上。

在一片"有情怀、有担当"的赞誉声中，裘建浩心里十分明白，他来是为效实服务的。在历任校长办学思想的基础上，裘建浩渐渐有了自己新的思考：高中教育不仅是为学生上大学做准备，更是为今后的人生做准备，要让学生拥有幸福而完整的人生！

创设学生"野蛮生长"环境

2018年9月，在裘建浩回到效实的第二年，学校东部校区投入使用，开启了一校两区的新篇章。

在东部校区的启用仪式上，裘校长以"用自主精神逐梦未来"为题，勉励学生养成自主人格，培养自主意识。

效实历来强调两个自主，即创设自主的环境让学生成长，提供自主的时间让学生支配。"效实舞台，学生主场！"每个班级小组自选节目，小组初选、各班再次遴选推荐演员，选拔男女主持人，筹备2个月之久的效实中学英语原版影片配音大赛精彩上演。

"在整个活动中，我们看到了同学们的主体意识，从演员到观众，从动漫社的友情出演到各环节的学生志愿者！"在外语教研组副组长何小庆看来，效实的课程很"活"，除英语原版影片配音大赛，还有"效实TALK"思想分享会、英语戏剧表演、日常阅读英语原版小说。而这背后，都离不开校长的支持。

"只要是对学生的发展有好处的，我都支持！"裘建浩这么说，也是这么做的。

每周二晚饭后，在效实东校区的下沉广场，都会进行一场由学生自发组织的"街头表演"。有演唱、话剧、相声、器乐演奏、书画表演等，观众围成一圈和表演者进行现场互动，气氛欢乐。

在效实校园内，每个月都有各类活动轮番上演，由着孩子们"野蛮生长"。

效实中学有"周末不上课"的传统。裘建浩认为，教育的目的是让学生学会自我教育，而不是被动教育。学生通过自我教育，提升自主意识、自主能力。

"自主学习让我们成为时间的掌控者。"学生杜佳特说。学校提供了比较大的自主空间，让学生学会了取舍和规划，养成了自主学习的习惯。

在该校学生处处长王甬龙看来，学校处处体现出学生的主体地位。在效实每周的升旗仪式上，除了升国旗，还要升校旗和班旗。班旗都由学生自主设计，轮到值周的班级，会上台介绍该班班旗的寓意，并参与一周的学校管理工作。

"效实遇事有区分"。裘建浩认为，要将时间花在值得做的事情上，在"是不是值得"问题上要达成共识，"狂轰滥炸"的教育不是理性的教育，要在共识的基础上充分尊重学生创造的自觉与自由。实践在低处，境界往高处，紧贴"地面"，做实诚的事，瞻望"远方"，做立足现实的理想主义者。

指引学生找到合适的轨道

在效实，课程分为陆地课程和海洋课程。包括语数外等质优课程和学科竞赛内容的陆地课程是核心课程，指向核心素养；海洋课程则侧重思维拓展，向外延伸。

效实直到高三还保质保量开足艺术类课程。学校还开设了民乐、陶艺、书法等多种校本选修课程，形成了150余门选修课程。同时，学校有4大类28个社团，交响乐、北斗文学社、蓝天艺术团、银杏史社、话剧社、天文社、商业社、摄影社、攀岩社……

"课程是教育的尺度，给学生提供满足成长的一切可能性，是效实的课程使命。"

裴建浩回到效实以后，不但保留了这样的传统，还开发了各种培养孩子们想象力和创造力的创新课程。他相信那些看似与学习无甚关联的创新课程，能培养他们团队协作的能力、解决实际问题的能力、对世界保持好奇和热情的能力、在平凡生活中发现美的能力。

"这些能力，都是指向真实的生活世界的能力，而教育是实现人的社会化延伸最为重要的媒介。"他心目中效实的孩子们应该是这样的：他们向往澄明、充满热忱、崇拜创造，能够真正理解并说出自己的世界。

裴建浩曾经思索，历届学生中的"成功人士"在中学时代有什么共同点？如果把过得不错、能实现自我价值、服务社会作为成功标准的话，那么，他的学生，特别是效实走出来的孩子，好像很少有不成功的——尽管他们在读书时表现千差万别，但兴许就是这样的千差万别，造就了他们以后精彩纷呈、各有千秋的人生。

"效实倡导育人有尺度。育英才上不求尺度的统一，只求在自我发展路上成就最优的自己。"裴建浩认为，教育工作者尤其是校长，应该摒弃传统的、单一的人才培养模式，尊重每个人的个性，让每个学生都得到最适合的发展、最个性的支持。

在裴建浩看来，教育的目的是让学生拥有"幸福完整的人生"，效实教育理念中对个性的尊重给予了学生学习生活的完整，对个体能力的尊重给予了学生学习生活的幸福。

裴建浩认为：真正决胜千里的，不是高考多了几分，而是你自己想走多远。内心的力量，和看似激烈喧嚣的外界无关。无名山丘，也有因为内心的坚持崛起为高峰的可能。

效实培养的是执着于"高峰"，并愿意为此付出持续努力的学生；效实培养的是在最合适的轨道中发展成最优自我的学生；效实培养的是不汲汲于名利、不匍匐于功利之下的学生——成全学生的"千差万别"，并提升这种"千差万别"的格调与境界。

　　"学校的发展，最终体现在学校培养的人上面。"让裴建浩欣慰的是，越来越多从效实走出来的"效实胚子"基础厚、后劲足，有终身学习的习惯，有成长型思维能力，有使命担当的意识。裴建浩心中有一个理想的教育王国，他觉得正在和这个王国靠近。

高品位高中的追求者魏东[1]

办一所高品位的高中，是我之于绵阳中学的希望，其实也是一名教育工作者基于教育本质的坚守和追求。

——魏东

魏东在成人礼上为学生颁发普法小册子。熊祎斌 摄

小档案

魏东，四川省绵阳中学党委书记、校长。正高级教师，四川省特级教师，全国模范教师。四川省有突出贡献优秀专家，四川省学术技术带头人。

---

[1] 倪秀：《高品位高中的追求者魏东》，载《中国教育报》，2019-05-15。收入本书时有改动。

在四川省,说起绵阳中学,很多人都会啧啧称赞。

它是四川省首批一级示范性普通高中,更是北京大学"博雅计划"、清华大学"新百年领军计划"优质生源基地学校。在很多人眼里,这所学校"高考成绩很好",这是普通大众评价绵阳中学最外显的标签。

对于这个标签,校长魏东有自己的思考。绵阳中学现有近万名学生,如此大体量的高中,除了高考,还应该有什么?在魏东看来,"没有高考就没有绵阳中学的今天,但只有高考也没有绵阳中学的今天",他希望办一所高品位的高中,不培养只有分数的人。

学校文化的掌舵者

1957 年绵阳中学建校,初期,名不见经传。1999 年魏东来到绵阳中学当教师时,学校在当地已有了一定的名气,而高考成绩好是绵阳中学最初迅速崛起的主要原因。

"我一直认为自己是工作的'拼命三郎',没想到这里的教师比我更'拼命'!"1985 年中师毕业后,魏东分别在绵阳市三台县永新初中、石安中学、三台中学执教,由于成绩突出,1999 年他被调入绵阳中学。

"那个时候,感觉学校的文化就是高考文化。所有与高考有关的事情,大家都津津乐道。"

在绵阳中学,魏东经历了普通教师、教导处副主任、教导处主任、副校长等职务变化。从教师到校长,一路走过来,魏东一直在思考一个问题:除了抓高考成绩,一所学校还应该做什么?

"学校是什么,是教师和学生共同成长、实现自我的地方。"记者采访魏东时,他不断强调,师生实现自我的方式,绝不仅仅是高考成绩。

"品德高尚、行为高雅、能力高强。"这是魏东 2016 年担任绵阳中学校长后,对学生提出的"三高"要求。他提出构建"品位教育",创办高品位学校。在办学思想、理念、内容、方式、评价、结果等诸方面均要达到高品位,以此来回应"培养什么样的人"以及"怎样培养人"的问题。

在这样的理念指导下，绵阳中学近几年开始了大刀阔斧的改革：在教育方面，实施"绿色德育"，落实全面育人；在教学方面，实施"健康课堂"，开展精准教学；在教研方面，构建"345"校本研修体系，形成学校研修共同体；在活动方面，构建"1231平台"，打造"卓越团学"。以此形成全方位、网络化的育人体系，努力培养"品德高尚、行为高雅、能力高强"的优秀学生。

2019年元旦，魏东通过绵阳中学的微信平台，送上了校长新年献词："好的教育，就是最美好的祝福。好的教育，应该让学生、家长、教师都有所得。而教育的全部意义在于——人的幸福、人的发展、人的价值。我希望学校能够为每一名学生创造最佳的发展空间，让你们沿着品德高尚、行为高雅、能力高强的方向发展。"

教师发展的营养供给师

魏东上任绵阳中学校长后，做了几件在外界看来颇"奇怪"的事情。

其一，他对教师形象提出要求，特别倡导女教师能够在自己接受的情况下化化妆，给学生展示良好的形象和状态。其二，他严格要求教师控制学生的作业量。

许多教师一头雾水："高中不是要抓高考、抓成绩吗，怎么还要控制学生作业量？"面对这样的不理解，魏东就给全校教师作讲座，谈他的教学理念。

魏东认为，让学生用最少的时间得到最多的收益，这样的教师才算教学上的好教师。魏东自己是一名数学教师，由于方法得当，学生很喜欢他的数学课，同行也都称赞他的课是"思维的体操""智慧的绿地"。

"要想学生少花时间，教师就必须多花时间。"他在教学之余，学习了大量的教育教学理论、国外教育教学科研成果等教学资源，在教育教学上进行了积极的探索和大胆的改革，形成了独特的"层层递进的问题式教学"模式。

在魏东看来，教师需要给学生提供健康课堂，简单地说就是能够促进学生健康成长的课堂。"满堂灌不是健康的课堂，题海战术也不是健康的学习方法，健康的课堂一定是基于学情的精准教育教学、有趣且有效的课堂。"魏东说。

魏东对学生有"三高"的要求，对教师的要求则是"三度"：温度、深度和厚度。

每周二晚上7点到9点，是绵阳中学教师集体学习的时间。这个规定坚持了多年，除了值班教师外，全校所有领导和教师都需要参加。它有时候是校长讲座，有时候是教师讲堂，有时候是专家讲座，这成了绵阳中学教师雷打不动的"成长时刻"。

例如，针对现在高中教育对象的性格特点，魏东邀请西南大学教授为绵阳中学教师讲"新生代学生的特点和对策"。一堂课下来，教师反馈很好，魏东也同样觉得实用。而这样的学习，已经成为绵阳中学教师不可或缺的营养来源。

《中国教育现代化2035》公布后，魏东做了深入的研究，他给未来教师画了像：高素质、专业化、能创新。而要达到这个要求，教师就需要不断修炼内功，提升自己的学科专业素养和职业伦理道德精神。这样一来，学校一系列的教师学习会、学科会、备课组会，都是教师学科教学能力成长的养分汲取地。

"学校和校长，需要不断地创造条件、提供环境，供给未来教师成长所需要的各种'养分'。"魏东说。

学生成长的精神导师

大多数时候，魏东每天早上7点到校，和学生一起排队取餐，和学生坐在一起吃饭聊天。然后就开始他一天的"行走管理"：巡视校园的各个角落，观察师生们的状态，有时他还会和学生们来一场篮球比赛。

一次，看到魏东正在巡查校园，一名高二的女生跑过来说道："魏校长，我要反映一个情况，女生宿舍提供的集体使用的吹风机数量太少了，很多时候我们要排队。"魏东迅速和学校后勤部门沟通，很快就补充了足够数量的吹风机。这样的小事情，魏东处理过很多。让他高兴的是，学生愿意走近他。

学生拍毕业照，魏东跟往年一样，一一和各班拍照。学生平时很喜欢他，都叫他"东哥"。魏东一出现在学生面前，学生们就大喊"东哥好帅！"。更让人意外的是，他每次陪学生拍完毕业照，衣服、包里总会多出很多小东西：有些是学生自制的小礼物，有些则是学生写的小纸条。这些小纸条魏东都会认真看，有一张纸条让他印象深刻："东哥，谢谢你给我们增加吹风机。从那以后，每次吹头发，同学们都在感叹，有你真好，大家觉得很温暖。"

"设身处地为学生着想，为他们解决问题，这是校长和教师的本分。除此之外，更要教会学生做人，成为他们人生的精神导师。"魏东说，教育是一项人影响人的事业，教书育人，育人一定是首要的。

周一升旗仪式，分年级举行。魏东一直坚持参加学生每周的升旗仪式，定期倾听学生的"国旗下讲话"，或者借升旗仪式，给学生讲故事，引导他们树立正确的人生观、价值观等。

2019年1月，短片《啥是佩奇》火爆网络。魏东觉得，这是一次对学生进行家庭情感教育的好机会。碰巧他又看到2018级40班班主任侯伟锋发的一篇相关小文。在跟教师沟通后，绵阳中学微信公众号及时推出了一篇"绵中一位班主任回答你——'啥是佩奇'"的报道。这位教师在文中写道："快过年了，好好陪家人说说话，不要嫌烦，唠嗑的时候别玩手机，用实际行动告诉家人，他们不是一座座孤岛，而是你生命里最温暖的大庄园。"

"不能单纯讲大道理，要成为学生的精神导师，一定是自己有所思，同时结合新时代学生喜欢的形式，去影响他们、引领他们。"魏东对学生提出的"三高"要求，品德是排第一位的。在他看来，绵阳中学培养的学生，应该是能够在国家关键领域发挥重要作用的创新人才，而树立他们正确的价值观，让他们拥有家国情怀非常重要。

2018年11月，学校推出"子云论坛"，号召学生用明眸审视当下，看思想交锋，听观点激辩，用理性武装头脑。学校希望学生成为生活百态的热心者、国家建设的参与者、民族复兴的奋斗者和人类命运的感动者。

　　"一所学校的教育氛围如何、路径如何、成效如何，关键在于校长。"魏东说，办一所高品位的高中，是他之于绵阳中学的希望，其实也是一名教育工作者基于教育本质的坚守和追求。

滋润粤派教育者成长成才的"春雨"
吴颖民①

教育是面向未来的事业，要在当下培养出适应未来社会要求的人才，就要时时关注社会发展趋势，观察这些趋势对人才素质提出的新要求。

——吴颖民

小档案

吴颖民，广州中学校长，广东省中小学校长联合会会长，天河区教育顾问，中国教育学会副会长。研究员，享受国务院政府特殊津贴专家，中国当代教育名家。曾任华南师范大学附中校长、华南师范大学副校长兼附中校长、华南师范大学基础教育培训与研究院院长。

① 刘盾：《春风化雨桃李满岭南》，载《中国教育报》，2019-05-22。收入本书时有改动。

　　"不随大流地看多或唱衰，以独立思考的'火眼金睛'看穿迷雾，发掘所投企业的长期内在价值"，是某知名公司创始人庄竞华在风云变幻的商场中，屡战屡胜的"法宝"。

　　作为华南师范大学附属中学（下文简称"华南师大附中"）1988届毕业生，庄竞华从学校时任团委书记（后任副校长）吴颖民的身教言传中，养成了独立思考的习惯。正是吴颖民培养学生时不设限、不画框的做法，使庄竞华更清楚地认识了自我。

　　"适合学生的教育才是好教育，要让每一个生命都绽放独特的精彩，成为夜空中最亮的星。"吴颖民传统又新潮，他恪守"成才先成人"的教育理念，身先垂范，引导师生心怀祖国、践行社会主义核心价值观，在改革开放时代大潮中敢闯爱创，于新技术大浪中扬帆远航。

　　他仰望星空，把准教育"定盘星"，扎根中国大地办教育，春风化雨；他俯下身心，让教育与科技共舞，桃李满岭南。

人才培养体系的"先行先试者"

　　如今，劳动教育重新成为人才培养体系的"主角"之一。而华南师大附中的劳动教育从未断线，已连续开展30年。

　　"劳动教育是知行合一最好的载体之一。"在华南师大附中任职期间，吴颖民坚持推动劳动教育。20世纪80年代，他和时任校长坚持开展学工、学农活动，让优秀学子了解社会、体验劳动艰辛。1990年，他亲自带队，开始了至今从未间断的农村社会实践活动。在1997年，他更是旗帜鲜明地提出，学校教育的根本任务就是要让学生解决好"为谁成才、成什么才、如何成才"这些根本问题。

　　这样的深刻体会源于吴颖民40多年来深耕基础教育的丰厚实践。1978年，他进入华南师大附中任教师，1996年起任校长直至2014年退休。2017年，他"复出挂帅"，任广州中学首任校长。

善于学习与思考的习惯、数十年的一线工作经历和深厚的教育管理经验，让吴颖民成了教育的"先行先试者"。1996 年，他就审时度势地提出塑造"现代人"的"八个一"基本素质要求：具有一颗热爱祖国、报效祖国的红心和一套良好的做人规范；掌握一套科学的学习方法并有一门最喜爱且较拔尖的学科；养成锻炼习惯并有一项体育专长；具有较高审美修养并有一项艺术专长等。

以德为先是吴颖民一直贯彻的理念。他把一颗红心置于首位，推动华南师大附中淡化德育痕迹，利用学生党员、科学家等身边可亲可近的榜样，寓教于乐地对学生进行理想信念和爱国主义教育。

吴颖民坚信实践出真知。他在多年前就从经验教训中总结出：有学生立场才有真正的教育。学生反感强行灌输的教导，缺乏融合发展的德育枯燥低效。

"人是一个完整的机体，面向人的'八个一'也是互相融合、渗透、联系的。"吴颖民坚决反对机械地将"五育"孤立或割裂，力主打破其边界壁垒、建立内在联结，实现"五育"并举，融合育人。"团结互助守规则、奋勇拼搏圆梦想"，这句标语很醒目地挂在广州中学凤凰校区田径场边，吴颖民解释说，标语里，体育、德育"珠联璧合"。

"面向人人的教育绝非千人一面的教育，这需要正确处理全面发展与个性发展的关系。"吴颖民认为，全面发展并非把孩子培养成全面而平庸的人，而是让学生既有较高的综合素质又有自己的个性特长。

吴颖民在华南师大附中大力进行"选修课程系列化、课外活动课程化"改革，把学习的自主权还给学生，把成才的选择权交给学生。他卸任华南师大附中校长时，该校已开设 110 门选修课，建起 40 个社团。

探路未来教育的"科技追光者"

虽年近 70 岁，吴颖民却如孩童般拥抱新知，"活到老，学到老"。

看到广州中学党委书记、执行校长彭建平利用软件从图片中提取文字，吴颖民马上请他传授技艺。从一无所知学到可以独立操作，回想起吴颖民认真学习操练的一幕幕场景，彭建平感叹说："吴校长一直在倡导终身学习，他自己就是榜样。"

远望华南师大附中校门，映入眼帘的是 16 个大字："教育要面向现代化、面向世界、面向未来"。广州中学凤凰校区大门口仍是这一经典题词，"面向未来"一直是吴颖民的教育追求。

"教育是面向未来的事业，要在当下培养出适应未来社会要求的人才，就要时时关注社会发展趋势，观察这些趋势对人才素质提出的新要求。"吴颖民一直强调，校长一定要"抬头看路"，把握趋势，重视培养孩子对未来的适应能力。"当校长就是当师生成长的领路人。"他说。

"中小学校应以新理念、新科技为桨，划向教育现代化的远方。"为让因材施教的理念更好地落地生根，吴颖民在广州中学积极推进选课走班制、学分制、免修制，给学生更大的选择自主权，满足学生不同层次的发展需求。云计算、大数据、人工智能等新技术，给因材施教插上了新的翅膀。在广州中学凤凰校区，借助人手一台的平板电脑，任课教师在课前就能了解每名学生的预习情况以及期待课上解决的主要问题，从而在课堂上更为精准地为学生"把脉问诊"。

"新科技是为教师、学生成长服务的，而不是装点门面的。"吴颖民认为，未来学校一定是以人才需求为根本出发点的，要更好地把新技术融入教育中。未来学校建设一定是"需要"和"可能"适切、有机结合，做既有需要又有可能的事，不要超前消费、追时髦。智慧校园建设要做好顶层设计，清晰定位，关注个体差异，满足个性需求，突出育人特色。

进入广州中学就读后，毛雅萱发现自己的数学素养"步步高"，她认为这得益于班里开展小组合作学习和构建学习共同体。她一遇到问题就会和小组里的同学讨论，组员在学习中取长补短，学习不再是个体的单打独斗。

"优秀学习力是教育共建共享的一种成果。"吴颖民致力构建"互联网 +"时代下教师成长与学生学习共同体，实现共建共享优质教学资源，不让一个学生掉队。

校长成长共同体的"领跑者"

"校长应当成为师生的精神领袖。"2017 年 6 月,吴颖民为"山长讲坛"(由广东省中小学校长联合会发起、致力于促进中国教育智慧分享的传播平台)作开场演讲时如是说。他呼吁,校长应以学术的沉思抵御世俗的喧嚣,在追求真善美境界中求得宁静,注重在精神层面引领师生发展。

吴颖民卸任华南师大副校长之后,被华南师大聘为基础教育专家委员会主任,他把更多的精力放在中小学教师和校长培训上,着力让更多校长成为南粤教育"探路者"。

"我当教师时,吴校长就是我的偶像。作为我专业成长的引路人,他悉心指导,期待我青出于蓝而胜于蓝。"作为广东广雅中学建校 130 年来第一位女校长,叶丽琳用"发现最好的自己"的教育主张,与师生共同让百年名校"老树开新花"。

"独行速,共行远",作为华南师大基础教育培训与研究院首任院长,吴颖民带领团队开展培训供给侧改革,精准培训中小学校长。他参与引入"导师 + 教练"的工作室培养形式,有效地解决了学员集中培训后,日常无人跟踪指导或者缺乏个性化指导的问题。

2013 年,吴颖民牵头创办了广东省中小学校长联合会(下文简称"校长联合会")并担任首任会长。

建会之初,吴颖民就为校长联合会设定了良好的发展愿景:政府的教育"智囊团"、校长学习交流的舞台和成长共同体、校长和学校发展"助推器"、优秀校长"孵化器"以及校长权益保护的"后盾"。校长联合会让广东中小学校长内修学识涵养、外树亲和形象,联动优质资源,构建良好教育生态。校长联合会还通过传、帮、带年轻校长、后备校长,提升广东中小学校长队伍整体素质水平。

"身处低调务实的南粤大地,很多校长会'生'孩子但不会起名字。"吴颖民笑言,他希望校长联合会不但成为广东中小学校长代言人,也应成为他们打造综合素养尤其是表达能力的"练兵场"。

2019年3月，第三季首场"山长讲坛"暨粤港澳校长论坛开幕。这场由校长联合会举办的盛会，群贤毕至，围绕如何造就党和人民满意的高素质专业化创新型教师队伍等内容展开"华山论剑"。论坛通过现场直播、媒体报道等渠道传播，数十万名校长、教师和家长在线收看。

在"山长讲坛"上，广州市海珠区第二实验小学教育集团总校长刘良华、广州市天河区天府路小学校长欧阳琪等演讲者妙语连珠，诸多关于教师专业成长的精辟论断赢得阵阵笑声和掌声，让现场很多媒体记者"路转粉"。他们都是吴颖民的"弟子"。

"桃李不言，下自成蹊。吴校长在粤派教育家眼中就如同一座山。"华南师大教师教育学部常务副部长王红结识吴颖民十余年，在她看来，这种自然呈现的高山景行场景，这些粤派教育中的新生代如同那些挺拔生长的雨后春笋，向滋润他们成长成才的春雨致敬。

致力于发掘教育可能性的校长
汪炜杰①

教育本身就是一项充满无限可能的事业，可能性总是无限美好的，很庆幸我能参与到发掘这些美好的事业之中。

——汪炜杰

汪炜杰（中）经常随时随地询问学生的想法，倾听学生的心声。傅祥 摄

小档案

汪炜杰，安徽省池州市第十一中学校长、党总支书记，教育硕士，正高级教师，安徽省特级教师。安徽师范大学硕士生导师，安徽省首批中小学优秀校长工作室首席负责人，池州市教育学会副会长。中国共产党池州市第四次代表大会代表，中国人民政治协商会议池州市第四届委员会委员。

① 方梦宇：《发掘教育的无限美好》，载《中国教育报》，2019-05-29。收入本书时有改动。

"幸运成长在百年老校，惭愧办学乏善可陈。一直用心用功实践着教育的初心，意愿强烈，功底浅薄，能耐不足。一如池州小城的日子，平淡、平常，却又总在向外张望、向上拔节。小小丘壑，也有万里河山的梦想。我希望孩子们拥有向善的品格、向上的韧性。"初见安徽省池州市第十一中学（下文简称"十一中"）校长汪炜杰，人们常被他温文尔雅的文人气质打动。

靠行动去带领人，靠品行去影响人，是人们对汪炜杰最多的评价。从1994 年至今，汪炜杰已在教育领域坚守了 25 年。从历史教师、高中班主任到校团委书记、教务处副主任、办公室主任、校长，各种教育角色的扮演，让他对教育事业的认识愈加深刻，对教育的热爱也愈发浓郁。"教育本身就是一项充满无限可能的事业，可能性总是无限美好的，很庆幸我能参与到发掘这些美好的事业之中。"汪炜杰说。

坚持培养学生综合素质

2006 年，汪炜杰任十一中校长。治校伊始，他便提出了"向善向上，适性成长"的办学理念，培养学生的综合素质。

"十一中课程齐，活动多，作业负担相对轻，孩子学习后劲大"，是当地人对十一中的一致评价。

在汪炜杰的带领下，学校的十一创新社、旋风足球队、天琴音乐社、樟树下动漫社、灵动舞蹈队、绳彩飞扬社和薪火篮球社等学生社团活动风风火火地开展起来。学校每年举办的文体节、元旦游艺活动和秋季体育趣味运动会已成为学校的特色项目活动。除此之外，学校每个年级都有自己的特色活动，如七年级的广播操比赛和跳绳比赛，八年级的"校长杯"校园足球赛、汉字听写大赛、英文歌曲大赛和物理知识竞赛，九年级的篮球赛等。

"综合素质的养成从来都不是一句空话，落实到我们日常工作中，就是要把国家规定的校本课程开齐、开足、开好。与此同时，把各种各样的学生社团办好，取得实效，做出品牌影响力，让孩子们在其中真正获得快乐，探索到自己的无限种可能。"汪炜杰说。

事业伊始，不乏阻力。汪炜杰坦言，在此之前，学校多多少少存在中考课程占用其他非考试课程的现象。对此，他力排众议，将排查课时占用现象纳入教学检查长效机制。"国家规定的课程时间是经过科学验证的，按照正常教学流程，教师一定能在规定时间内完成自己的教学计划。"汪炜杰反对额外增加课程时间，一来挤压其他课程时间增加学生负担，二来也必然会降低教师的课堂效率。在汪炜杰看来，素质培养的阻力大多来源于人们对于学习和放松的狭窄认知，看似矛盾的两者其实彼此促进。

"孩子们要中考，开这么多校本课程，还能把成绩搞上去吗？"当初不少家长提出了这样的疑问。汪炜杰用实际行动证明了两者的可调和性。

如今，十一中的办学质量在全市遥遥领先，同时，学校的社团培养也节节开花：学生朱玫玥的"护花使者——基于物联网运用植物生长远程看护系统"获安徽省青少年科技创新大赛一等奖，叶佳恒的"泥石流预警系统"在第31届全国青少年科技创新大赛中获"创意之星奖"；旋风足球队的孩子们在池州市校园足球初中组联赛开赛的5年中勇夺4次冠军，绳彩飞扬社的孩子们在全市第三届中小学生跳绳比赛中包揽初中组所有项目的冠军。

成为教师成长的铺路人

从普通教师成长起来的汪炜杰至今都未离开一线教学岗位。"教师是毕生的职业"，在汪炜杰看来，一线的教学经历能够为他治校专业能力的提升提供持续稳定的营养补给，也更能让他懂得站在教师的角度思考问题，做教师成长的铺路人。

这一点，学校数学教师操斌感触颇深。在他的特级教师评审之路上，从提醒课题申报开始，到最后材料的准备，甚至细化到如何封装封面，汪炜杰一路扶持。"整个评审过程非常顺利，汪校长的指点干货满满，让我少走了不少弯路。"操斌说。

　　"我们理解教师评职称的不容易，因此学校领导层会最大限度地从学校的制度上给职称评定的教师提供支持，我个人也会尽最大的努力帮助教师实现目标。"身为校长的汪炜杰曾多次在市级会议上提倡建立教师表彰的长效机制，"目的就是为我们的教师多增加一些机会"，他说。

　　目前，学校已形成一套教师培训机制，每学年组织一次青年教师教学评比展示活动，邀请有关专家、领导来学校进行评课指导。每学年举办一次"池州十一中教师高峰论坛"，为优秀骨干教师搭建舞台，营造激励氛围。要求45岁以下中青年骨干教师每学年必须开一堂高质量的示范课、做一次专题发言、写一篇论文或取得一项科研成果，对有一定影响力的科研论文、教研著作、学术研讨给予奖励。加强科研与教学的整合，实现教师由经验型向科研型转变。引进竞争激励机制，鼓励冒尖，使骨干教师实现业绩认同。

　　身为特级教师的汪炜杰，总是善用身边的教学案例与教师交流分享。他在全校教师大会上的发言让学校教师刘霞印象深刻，"听汪校长开会，很带劲"。崇尚务实精神的汪炜杰从不在会议上讲空话、搞形式主义。"学生反映作业多，解决的关键是教师要对习题集上的作业进行二次消化，要设计出符合班级学生实际情况的作业，而不能一味地拿来。这样的'拿来主义'只能让我们的学生浪费大量的时间，做无用功。"汪炜杰总是能非常敏锐地把握住最关键的问题，并且提出操作性极强的建议。

　　"校长的发展是前提，教师的成长才是根本。我们希望让更多的青年教师成长为优秀教师，甚至是教学带头人。"为此，学校专门出台"教师专业发展规划方案"，希望扶持一批36岁至55岁的高级教师，向特级教师和正高级教师进军。到2021年，力争在现有基础上再增加1至2名特级教师或正高级教师，激励36岁至55岁的高级教师勤于教研出成果。

打造校长团队促区域提升

　　2018年4月，汪炜杰被遴选为教育部"校长国培计划"——卓越校长领航工程第二期中小学名校长领航班学员。同年 12 月,国家级名校长工作室"汪炜杰校长工作室"在十一中正式挂牌成立。工作室有 8 名来自池州市其他中学的校长。池州市教体局工委书记、局长胡学慧对记者说:"希望依托校长工作室这一平台,带动区域中学教育的整体提升。"

"我们 9 个人有一个微信群,经常在一起讨论问题、分享收获。"每次外出到其他地方的学校考察,汪炜杰总是会提前在微信群告知一声,并鼓励大家一同前往。"外出学习很长见识,希望大家能和我一起分享这些难得的机会。"汪炜杰说。

对青阳县朱备学校校长郑庆祝来说,在他的校长之路上,工作室为他打开了一扇新的大门。

2019 年 3 月,他和汪炜杰一起参加了天津市南开区中营小学的诊断调研活动。"不出去不知道,出去之后才能在其他学校的优秀经验中发现自己的问题。"此番出访,让郑庆祝感触颇深,尤其是中营小学的"导学教育"课程给他留下了深刻的印象。归来之后,他开始逐步规范学校的课程改革,"他山之石,可以攻玉,在工作室的平台上真的有太多的宝贵收获"。郑庆祝对学校未来的课程改革之路愈发坚定。

"我们的工作室有一句名言:不要走在我后面,因为我可能不会引路;不要走在我前面,因为我可能不会跟随;请走在我身边,做我的朋友。"从教 25 年来,汪炜杰先后获"安徽省优秀共青团干部""池州市优秀教育工作者""池州市十佳师德标兵""安徽省特级教师"和"池州市拔尖人才"等荣誉称号。而他希望,发挥校长工作室平台的最大功效,借力使力,有更多的校长与他同行,共同成长。

"我们倡导成员深度学习教育理论并互相分享所得,致力于行动研究中解决真实的教育问题,持续推动每一所学校聚焦于内涵发展,追求在可见的未来形成区域内有特色、可辐射、能引领的校长专业发展平台。"任重道远,汪炜杰依旧坚定。

情智教育的深耕者滕玉英[①]

一名优秀的教师，应当让学生拥有带得走的能力。我最大的愿望，就是在退休之前，能够培养出更多的优秀教师，他们是学校的希望，也是整个海门教育的希望。

——滕玉英

滕玉英（中）在新教育展示课上，参与学生的小组讨论。朱凤娟 摄

小档案

滕玉英，江苏省海门市东洲中学校长，东洲教育管理集团总校长。江苏省物理特级教师，中学正高级教师，江苏省基础教育课程改革先进个人，"校长国培计划"——卓越校长领航工程中小学名校长领航班成员。

---

① 潘玉娇：《深耕情智教育，与师生共同成长》，载《中国教育报》，2019-06-05。收入本书时有改动。

每天早晨 7 点整，滕玉英准时来到江苏省海门市东洲中学（下文简称"东洲中学"），在办公室里稍作调整之后，便到校园里四处走走看看。此时学生已经开始晨读，滕玉英会习惯性地在窗户边停留片刻，观察学生的学习状态，有时她也会顺手用手机拍几张照片。就是在学生琅琅的读书声中，这位有着 30 余年教龄的女校长，开始了一天的辛勤耕耘，在对情智教育的不断探索中且行且远。

探索有人情味的情智教育

1988 年，滕玉英从南通师范学院（现为南通大学）毕业后，被分配至东洲中学教物理，自此就再也没有离开过这所学校。学物理出身的她，理论基础扎实，教学业务精湛，屡受市委、市政府的嘉奖。任职校长时，她已经是南通地区颇具盛名的物理名师。

在很多人看来，荣誉傍身的滕玉英很圆满，她对自己这些年取得的工作成绩也颇为肯定。直到 2008 年，滕玉英参加了一次国家级送培进藏活动。入藏前，她认真梳理了自己 20 年的初中物理教学经验，心底却产生了一丝疑问。此时的滕玉英想到了一名女学生曾经对她说过的话："老师，你课上讲过的题目我会做，你没讲过的我不会。""一名优秀的教师，应当让学生拥有带得走的能力。'情智'二字冒了出来。"回忆起探索情智教育的初衷，滕玉英如是说。

在西藏的那些日子，滕玉英遇到了许多优秀的教师，他们对教育的热爱与坚守，深深地感染着她。站在物理教师的角度，她对情智教育进行了最初的探析：对教学要有"三情"，即教学的热情、激情乃至痴情；对教学要有"三思"，有思考、有思路、有思想。后来，她撰写了关于情智教育的第一篇论文——《情智：物理教学的追求》。

也正是情智二字，又一次唤醒了滕玉英对物理教学孜孜以求的渴望与探索。2009 年，滕玉英进入了南通市名师培养梯队。在导师的指导下，她反复琢磨自己的课例，站在新的高度诠释了"三情""三智"的意义："三情"包含了教师的教学激情、教学内容和空间的情境创设、学生的学习好奇心和求知欲，"三智"指的则是教师的反思力、教材中蕴含的物理思想和方法、学生的思维能力培养。

3年后，"滕玉英名师工作室"正式在海门市挂牌。第二年，她参加了江苏新时空名师讲堂，执教"牛顿第一定律"。课后，专家对她的情智物理教学主张给予了积极评价：让物理学科充满了人情味。在一次次的交流与磨合中，滕玉英不断丰富着情智物理教学的内涵解读，提炼出实施策略三融合：学科立场与学生立场相融合、情感与智慧相融合、创新与审美相融合。

滕玉英对情智物理的探索从课堂向课外拓展。2014年新年刚过，她带着学校的物理教师一起去无锡参加一次业内的新年座谈会。当走进主办方设置的"比特实验室"参观时，现场的景象让他们颇为震撼：智能化家居、物联网的应用……滕玉英默默记住了这一切，新学期开学后，她立即着手设计实验室建设方案。当年暑假，东洲中学"比特实验室"诞生。基于"比特实验室"带来的灵感，滕玉英带领物理组的教师一起进行"1+X"课程开发。

"我们鼓励学生在做中学、学中思、思中悟，给予他们不同的可供选择的课程，除了笔头作业，还有小制作、小论文、小发明。"滕玉英说，即使笔试成绩不优秀的学生，也能找到一技之长。

滕玉英创设的情智物理教学模式获得2018年国家级基础教育教学成果二等奖。在她的带领下，东洲中学先后被评为江苏省最具影响力学校、江苏省教育工作先进集体，成为当地有口皆碑的一流学校。

培育共同成长的家园

共事二十余年，在副校长葛强的眼里，滕玉英天生就是做干部的材料。学生时代是学生会干部，一到学校便任职团委书记，再到后来做教务主任、副书记、副校长、校长。然而，滕玉英自己知道，世上哪有一帆风顺的道路，何况是在备受关注的重点初中任校长。

2007 年，滕玉英开始主持学校校务会议。台上，她讲得兴致勃勃；台下，教师听得马马虎虎。滕玉英坐不住了，向她的师父——原校长张炳华倾诉自己的苦恼。张炳华慢慢悠悠地怼了她一句："一直是你一个人讲，谁要听啊？"

一语惊醒梦中人。东洲中学是一个大家庭，所谓"众人拾柴火焰高"，何不让大家一起来讨论，碰撞出更多的管理智慧火花？

邀请学校优秀的班主任来讲讲"治班之道"，是滕玉英最先想做的事。黄勇由此成为第一个"吃螃蟹"的人。当天，他走上讲台，认认真真地作"会做偷懒的班主任"专题报告。对他来说，这是工作后第一次对自己的班主任工作进行全面的梳理。而对于台下的教师来说，黄勇报告中提到的很多内容，他们感同身受，更容易发现彼此的差异，找到改进的方法。

从那以后，学校的校务会议，除了校长讲话，还有班主任讲"我的治班之道"、骨干教师讲"我的精彩课堂"、外出学习者讲"我的学习体会"。两周一次的校务会议变成了彻彻底底的"东洲大讲堂"。

海门教育主张"强毅力行，追求卓越"，这深刻地影响着每一名教育实践者，同时也引领着每一所学校的发展。滕玉英继承了张炳华"智慧管理""心理教育"的精髓，并与自己的情智物理相融合，将其推广至全学科。据此发展出由"情智德育""情智管理""情智课堂""情智课程"四板块共同构成的初中情智教育。

滕玉英还创造性地实施金、木、水、火、土五大工程，包括培养名师的"金穗行动工程"、因材施教的"育才行动工程"、心理教育的"蓝海行动工程"、创新人才的"火炬行动工程"、校园文化的"沃土行动工程"。这五大工程延伸和演绎着情智管理的思想。

学校欣欣向荣的背后，是滕玉英全身心的付出。2013 年，滕玉英的丈夫因一次意外事故被送进了医院。同事们想好好安慰她，却发现她一如既往地延续着风风火火的工作热情，情绪丝毫未受影响。

"她的坚强让所有人敬佩不已，她是一位好妻子，更是一名好校长。"葛强说。

言传身教惠及更多的教师

2004年，刚刚师范毕业的姜栋强来到一所乡村初中执教物理。3年后，一次偶然的机会，滕玉英听了姜栋强的一节课。课后，她询问对方是否愿意做自己的徒弟，姜栋强高兴地答应了。如今，刚满36岁的姜栋强已是东洲中学的教务主任，并于近几年先后被评为南通市学科带头人、中学高级教师。这一切的改变，自然离不开滕玉英的谆谆教导。

即便拜师已有12年，姜栋强觉得滕玉英的身上总有那么多学不完的东西。平日里，滕玉英喜欢前往徒弟们的课堂听课。一节课下来，她不会满足于简单做点评，而是会诚恳地说："下节课我来上，你来听听看。"一节示范课结束后，她会在第二天就将课堂实录整理出来发给徒弟们看，与该堂课相关的学术论文最晚在第三天也能完成。这样的高效率，起初让徒弟们颇为惊讶，时间一长，徒弟们也都纷纷效仿，并内化为自己的习惯。

最让姜栋强感动的是日常相处中的那些点滴细节。"她来到我办公室，看到我忙得脚不沾地，就会笑着说：'嗯，不知道最近孩子们的学习情况怎么样，我来批50本作业看看。'其实她就是想帮我减轻一点儿工作量。"

这些年，随着海门市"滕玉英名师工作室"和"南通市中青年名师工作室"的先后成立，像姜栋强这样得到滕玉英悉心指点的年轻教师越来越多。而通过这些年轻教师的努力，滕玉英情智教育的理念也辐射至海门、南通乃至更远范围。

对待徒弟尽心尽力，对待其他教师，滕玉英同样全力以赴。为了提升学校教师整体专业水平，滕玉英决定充分发挥领军人物的作用，系统组建情智教育名师学科工作室。按照年龄，她将教师分成三个层次，强调"年轻教师上好公开课、骨干教师上好展示课、带头人上好示范课"，形成"备课组教研、学科部教研、全校大教研"三阶梯。她把全校大教研也推到"东洲大讲堂"，同时按照听课、议课、评课三个环节，鼓励全校教师一起参与教研活动。

　　一天晚上，滕玉英收到了一名刚刚上完公开课的年轻教师发来的短信："校长，谢谢你今天给我这样的机会！我很感动，今后会好好努力的。"短短几句话，让她听到了年轻教师渴望生命拔节的声音。这种声音，也让到了知天命之年的她欣慰不已："我最大的愿望，就是在退休之前，能够培养出更多的优秀教师，他们是学校的希望，也是整个海门教育的希望。"

培养像科学家那样思考的高中生：
白刚勋与海洋教育①

我认为兴趣就是海洋教育很好的切入点，进而把兴趣转化为能力，再将能力与未来专业发展对接，为学生的终身可持续发展提供源源不断的动力。

——白刚勋

白刚勋参与学生小组活动。 孙军 摄

小档案

白刚勋，山东省青岛市第三十九中学（中国海洋大学附属中学）校长，山东省十大教科研名校长，山东省优秀校长，齐鲁名校长工程人选。"校长国培计划"——卓越校长领航工程中小学名校长领航班成员，第三届全国教育改革创新优秀校长，山东省第十三届人民代表大会代表，曾获选年度全国海洋人物。

① 孙军：《培养像科学家那样思考的高中生》，载《中国教育报》，2019-06-12。收入本书时有改动。

1987 年，白刚勋从曲阜师范大学数学系毕业，带着自己的憧憬与梦想走上了教育事业的征程。此后 30 多年的教育生涯中，他从一名普通数学教师成长为山东省青岛市第三十九中学即中国海洋大学附属中学（下文简称"三十九中"）校长，凭借着超前而又富有远见的海洋教育意识，与海洋结下了不解之缘。

在他的带领下，学校创立了我国第一个中学海洋教育课程体系，为海洋基础教育人才培养模式树立了典范；与北京师范大学联合开展项目式教学，被誉为全国基础教育的标杆。他坚信"问题即机遇"，遇到挑战不断变革，让一所传统名校焕发出新的生机与活力，培养了一批批具有科学家思维能力的高素质学生。

激活海洋教育育人资源

2008 年 7 月，时任山东省重点高中青岛第二中学副校长的白刚勋被调到三十九中担任校长。作为中国海洋大学附属中学，那时的三十九中没有海洋基础教育。学校该如何发挥大学资源优势，他做了长时间的思考与调研。2008 年年底，白刚勋去看望中国工程院院士、中国海洋大学（下文简称"海大"）原校长管华诗。管华诗的一番话对他启发很大："海大不少海洋专业的学生入学分数很高，但培养潜力不大。这些学生缺乏对海洋的兴趣，缺乏一定的海洋专业基础，更缺乏对海洋专业发展的志向，对于毕业后是否从事海洋领域的工作，学生也很茫然。"

白刚勋认为，问题虽然表现在大学生身上，但根源却在基础教育：高中教育只顾升学率，没有真正关注学生个性发展和终身发展。他意识到，作为海大附中，应该加强中学教育与大学教育的有效衔接。在广泛听取海大专家建议、发动全校师生大讨论的基础上，他毅然把海洋教育确定为学校发展的特色。2011 年，青岛市唯一的"海洋教育实验班"应运而生。

"人人都有好奇心，想做自己感兴趣的事。我认为兴趣就是海洋教育很好的切入点，进而把兴趣转化为能力，再将能力与未来专业发展对接，为学生的终身可持续发展提供源源不断的动力。"白刚勋对学生的未来发展有自己明确的见解。为此，学校每周邀请海洋专家给学生开设一次讲座，他高兴地称之为一周一次"仰望星空"。让学生近距离与科学家对话，帮学生打开思维，让学生学会像科学家一样思考。同时，学校坚持每学期给学生安排一项课题研究的任务，学生可以自由组合，选择自己感兴趣的课题进行实验探究。学校还特邀专家教授，对学生的课题进行指导和评审，学生最后还要进行结题答辩汇报。

兴趣使然，学校的很多学生拿出了超出想象的课题研究成果。2015级学生石哲璇暑假在学校实验室里待了整整一个月，完成了38页的结题报告，最后以"微拟球藻对海水养殖废水氮磷的去除效果"为题发表在国家学术期刊《中学生物教学》上。目前在海大就读的三十九中毕业生付哲平，高二时就完成了一篇关于"海泥细菌发电"的课题论文，与他现在的大学论文发表在同一学术期刊上。一批批中学生课题，被专家誉为"中学生做出了研究生毕业论文的水平"。

"通过研究性学习，很多学生真正体验到了知识是用来解决实际问题的。他们从中感受到了知识的价值所在，也因此在学习过程中产生了发自内心的快乐。"白刚勋发现这样的学习方式很容易击中学生的兴趣点，而且通过体验加深了对核心知识的理解，所以他开始思索如何把海洋课题的学习方式常态化，将课题研究与国家基础课程的学习相结合。

牵手北京师范大学项目式教学

从2015年起，白刚勋带领教师进行国家课程的校本研究，尝试将国家课程中各学科核心概念、核心原理用一两个课题串联起来，让学生在探究和体验中学习国家课程。"课题化的学习方式其实就是海洋教育的升级版。"不过，这种颠覆传统的课程改革需要对国家课程"动刀"。没有高端的专家引领，很难做到精准合理操作，白刚勋一直在寻找这样的专家团队。

2017年3月，白刚勋到北京师范大学参加齐鲁名校长工程人选的培训。"王磊项目式教学与我们的课题化教学在理念上不谋而合！"培训中，北京师范大学学科教育团队化学学科首席专家王磊教授的一堂解读学生核心素养的专题讲座，让白刚勋兴奋不已。讲座一结束，白刚勋趁中场休息找到了王磊，表达了与北京师范大学专家团队合作的愿望，双方当即达成共识。

项目式教学课堂为激发学生的兴趣潜能提供了更大的舞台。这种项目式教学摒弃了传统的"串讲罗列知识点、填空式学案导学、例题代讲知识点"的方式，改变了"教师讲，学生听"的被动学习模式，代之以"以项目为主线、教师为主导、学生为主体"，应用了学生主动参与、自主协作、探索创新的新型教学模式。

后来白刚勋又多次北上，并得到青岛市教育局大力支持，最终于2017年7月签署北京师范大学、青岛市教育局、三十九中的三方合作协议。目前北京师范大学九大学科的专家团队以每年6次的频率到该校指导教学，他们与三十九中教师共建项目式教学课堂方案和课程体系，为全国基础教育树起一个新的标杆。

"我欣喜地看到学生们为了完成自己的项目，主动查阅资料、主动协作、主动尝试。只要给学生一个环境和任务，学习就能自然发生。"白刚勋说。

秉承"问题即机遇"发展观

三十九中在推进海洋特色教育和项目式教学中，很多时候是在"摸着石头过河"，也遇到过很多问题和挑战。但在白刚勋看来，"问题即机遇"。带着这样一种发展价值取向，学校选课走班、海洋教育、项目式教学等一系列看似困难而棘手的问题，都得到相对圆满的解决。

"在学校里，我也向师生传递这种理念。教师不会因为个别问题就否定一名学生，而是看到学生未来发展的空间。学生有了这样的意识，当遇到困难时就不会气馁，相反却能静心反思，积极应对挑战。"白刚勋始终坚持着自己的价值判断。

在学校海洋教育、艺术教育享誉全国的同时，白刚勋也十分重视学生的传统文化教育。用"文化滋养灵魂"——他自己在遇到困惑时，也喜欢在一些国学经典当中找答案。刚任职三十九中时，他一直为如何办好一所学校而苦思，感到无从下手。而当他回读儒家经典"四书"之一的《大学》时，最开篇的一句话就让他茅塞顿开：大学之道，在明明德，在亲民，在止于至善。"在明明德"意味着学校要培育自己独特的文化氛围；"在亲民"中"亲"即为"新"，意味着学校里的教师和学生要有改革创新的能力；"在止于至善"则表明学校要有目标清晰的发展蓝图。为此，白刚勋坚持守好、做好这三件事，一所优秀的学校自然而然就建立起来了。

作为一名数学教师，白刚勋还常常用数学的理念来阐释教育和生活的规律。他用"田忌赛马"的故事举例：田忌在比赛中一共有6种应战方案，但唯有一种方案是可以战胜齐王的。这个赛马故事隐含了一个数学原理，即田忌赛马是以比赛方法为自变量，以比赛结果为因变量的函数，方法一旦确定，结果就唯一确定。

"学生发展、学校发展不也是同样的道理吗？发展方式一旦确定，在一个阶段内其发展结果也就确定了。选择什么样的方式，就能成就什么样的学校。"这就是白刚勋的治校之道。

以制度建设护航学校变革的校长金卫东[1]

我们应坚守教育者的情怀，把握孩子身心成长规律和教育的认知规律，像对待马拉松那样，调适出他们的最佳状态，让孩子享受教育。

——金卫东

小档案

金卫东，上海市进才中学北校校长兼书记，上海市特级校长，正高级教师。上海市教育学会初中教育管理专业委员会主任，上海市中学教师高级专业技术职务任职资格评审委员会委员。上海市第二期双名工程学员，"校长国培计划"——卓越校长领航工程中小学名校长领航班成员。

① 董少校：《制度建设护航学校变革》，载《中国教育报》，2019-09-04。收入本书时有改动。

2019 年年初，上海市教委公布通过评审的正高级教师名单，上海市进才中学北校（下文简称"进才北校"）校长兼党支部书记金卫东榜上有名。在 50 岁的年龄当口，他实现了特级校长、正高级教师、教育博士的三合一，并经选拔入选教育部"国培计划"中小学名校长领航班，实现了事业的新跨越。

警惕重育分轻育人的"锦标主义"，金卫东坚持开齐开足所有课程，面向全体学生开放创新实验室凸显公平普惠；掌握一定的干部选拔"权力"，他选择公开竞聘能者上；面对讲求个性、注重个人发展的教师们，他倡导营造一种同荣辱、共进退的团队文化氛围。金卫东用管理智慧和教育担当，以制度建设护航学校发展变革，激励师生员工和谐进取，牢牢守护着教书育人的初心。

把握成长规律，回归教育本源

从上海师范大学毕业后，金卫东被上海市建平中学招录，10 年后的 2002 年 9 月，他到上海市建平实验学校做党务工作，2004 年担任进才北校校长至今。长期与学生和家长打交道，他感受到社会上对于教育的浮躁心态，促使他思考并通过制度和管理保持定力，让学校教育行进在恰当的轨道上。

在金卫东看来，当前社会上让孩子上好学的愿望空前高涨，部分家长出于择校目的不惜"抢跑"，对孩子提早教育、过度开发，以至于带动更多人参与进来，形成"剧场效应""囚徒困境"，孩子却在此过程中疲惫不堪，被动"忍受教育"。"我们应坚守教育者的情怀，把握孩子身心成长规律和教育的认知规律，像对待马拉松那样，调适出他们的最佳状态，让孩子享受教育。"金卫东说。

为此，进才北校开齐开足所有课程，配齐配足各科目教师，不因外部考试政策的变化而"偷工减料"。金卫东认为，这是尊重教育规律。他反对把美术、音乐、劳动技术等课程视为"副科"，五育并举、全面发展是金卫东的追求。在处理基础型课程、拓展型课程、探究型课程三者的关系时，金卫东认为，基础型课程在体量和时间上最多，应将后两类课程融入其中，进行校本化实施，从学理上加以磨合，而不能把三者割裂开来。

在进才北校，学生要轮流到中医药创新实验室、工程实验室等实验室体验3~5周。社团活动、创新实验室、短课时结合起来，实现了普惠基础上的提高。不管学生是"零起点"还是有一定技能基础，都能有所收获。而这正是金卫东思考的结果：设立创新实验室，寻找与基础型课程的结合点，进而转化成短课程。在金卫东看来，创新实验室不是应付上级检查的摆设，课程开设必须处理好普及与提高的关系；创新实验室也不是为少数学生得奖设立的专用空间，应当服务于提升全体学生的综合素养。

"教育中的很多问题，表象在学校，根子却在家庭，这就有必要推进家庭教育，形成可靠有效的家校互动。"以研究支撑起家校共育的实践，金卫东主持开展"家庭教育的学校支持研究"课题，已坚持 6 年。另外，进才北校设立校外教育服务中心，推动学生的职业体验、社会实践，并与家长实现紧密对接。新生在入学时不仅会收到学生教育手册，还会收到家庭教育指导手册，学校以此引领家长走进孩子的内心世界。

推行竞聘上岗，保障良性运转

2019 年春季学期期末，进才北校举行了一场竞聘会，角逐教科研副职、信息化副职、分校区教学管理副职 3 个岗位。7 名业务骨干参加，最终 3 人竞聘成功。

对进才北校的教师和管理者来说，管理干部竞聘上岗已经不是一件新鲜事。竞聘上岗制作为一项基本制度，已经实施了 15 年。在金卫东的倡导和主持下，学校编制章程，倡导依法治校、遵章办事，通过实行竞聘上岗制，给追求进步的教师干部压担子、铺路子，培养出一支优秀的管理团队。

2004 年，金卫东初到进才北校，面临与 2 所相对薄弱的学校合并的境况。3 所学校各有一大批干部，在新组建的学校中，谁上谁下？金卫东仔细研究当时的人事政策，思考未来发展趋势，决定实行全员干部竞聘上岗制。金卫东核算好进才北校的岗位职级基数，在全校开展大讨论：学校需要什么样的干部？

不同岗位的干部应该具备怎样的素养？而后通过教代会程序，把这些标准明确下来。经过一段时间过渡，进才北校举行干部竞聘大会。每位竞聘者都上交竞岗申请表，参加竞聘演讲，回答专家组提问。

"竞聘者不仅要展示为师生服务的愿望，而且要提出对学校管理的思考，明确自己竞聘成功之后打算怎么干。群众和专家的眼睛是雪亮的，在这样一种透亮的机制下，有才能的人可以脱颖而出。"金卫东说。

答辩结束，群众、专家、校级班子分别打分，按照4∶4∶2的比例计算总分，支部考核、校长任命。当初三校合并时约有30名干部，12人竞聘成功，其中还包括通过竞聘直接从一线岗位"冒"出来的新干部。由于整个竞聘流程公开、透明，避免了不必要的猜疑，为下一步工作的开展打好了基础。

从此，公开竞聘成为进才北校选拔干部的常态。不论是副校长，还是校长助理、中层干部，只要有岗位空缺，学校就举行公开竞聘，至今已举办十几批次，以有力的制度保障了学校的良性运转。把选人用人的"权力"交给制度、专家和群众，而不是"握"在主政者手里，这正体现了金卫东的管理智慧。

当然，新干部的涌现也离不开引导和培养。进才北校在每月最后一周的周三傍晚都举办"管理学习会"，党政工团和民主党派共同推荐的干部苗子、业务骨干和有上进心的青年教师参与，进行学校管理的专题研究和讨论，学习会成为培育未来干部的摇篮。

营造团队文化，与校同向同行

不仅干部选拔的事校长"说了不算"，教师评优、职称晋级同样如此。进才北校以学术委员会作为全校最高学术机构：校长虽担任主任但基本回避，常务副主任是资历深的一线教师，行政干部在每次出任评委的13位成员中不超过50%。在事关教师荣誉和职称的事务上，学术委员会投票决定，这样出来的结果大家心悦诚服。

在教师队伍建设方面，金卫东注重塑造团队文化，倡导团队评价，发挥团队的教育功能。不管是文明班组还是优秀备课组、优秀教研组，一损俱损、一荣俱荣，从而营造了互帮互助的校园氛围，引导教师个人与学校同向同行。

如果管理团队去诫勉或提醒个别教师的不当行为，往往会招来教师内心的自我保护和抵触情绪，甚至会出现挑战管理权威和秩序的情况。这时，同一教研组内同事的善意劝导，往往会起到事半功倍的效果。教师们会以集体利益为重，"不给别人添麻烦"，不把整个教研组都"拉下水"，这样，负面事件就被化解在萌芽状态。

教师的不当行为和所在班组的荣誉挂钩。金卫东指出，这是教代会通过的意见，就需要大家共同去维护。如果知道教师内部有矛盾，那么同一班组中的成员就有责任去帮助解决，或者上报组织，而不是任由矛盾积累或发展下去。

进才北校经常能得到各级各类教研项目，金卫东认为一个重要的原因是，在这里开展项目能够得到团队的支撑。教师个人获奖，所在的团组都受益，这样，同一个教研组内，专家教师愿意带着年轻人一起成长。

在每年寒暑假的干部培训中，有个重要环节是总结展望各部门的工作。在金卫东的倡导下，各部门都多说本部门的不足、兄弟部门的优点，特别是别人给自己带来的帮助和启发，在部门之间营造了相互尊重成全的氛围。进才北校的绩效奖励全年分在 3 个不同时段发放，其中每年 6 月的年度考核奖包含文明班组奖、优秀备课组考核、优秀服务班组考核等，以项目设置来体现团队和个体的绩效成绩。从团队评价到团体荣誉，再到个人荣誉及奖励，形成了个人与学校共进退的管理闭环。

金卫东"少管"的背后是一套制度的支撑，公开竞聘、学术委员会、团队文化等营造出同心干事业的氛围，进而为社会奉献优质的教育服务。学校也赢得良好声誉，连年被社会人士评为"老百姓家门口性价比最高的优质公办教育资源"。

功夫在诗外，文化蕴其中：
王洪花与天津市第四中学①

校长，身系全校师生的现在与未来，需以高尚的品格、丰富的学识、教育的智慧、亲和而开放的作风，帮助师生实现人生理想。

——王洪花

王洪花与学生畅谈人生理想。耀辉 摄

小档案

王洪花，天津市第四中学校长，"校长国培计划"——卓越校长领航工程中小学名校长领航班成员。天津市优秀教师、优秀思想政治工作者、三八红旗手、首届"师生心中的好校长"、劳动模范。

---

① 徐德明：《功夫在诗外，文化蕴其中》，载《中国教育报》，2019-09-18。收入本书时有改动。

"好学校是有色彩的，有丰富的颜色、优雅的行色、鲜明的特色、足够的成色和厚重的底色。"王洪花说，她希望在校园里，师生能共赴一场美好的约定，每个人的生命都是舒展的、多彩的、有意义的。

从教 28 载，从渤海湾的原天津市塘沽区长芦盐场子弟中学工作起步，哪里艰苦，哪里就有她的身影。王洪花服从组织安排，辗转多所学校，天津市原第一〇六中学、天津市第四十一中学、北京师范大学天津附属中学都曾留下她拼搏的足迹。2006 年，王洪花调任天津市第四中学（下文简称"四中"）校长，从此与四中这个天津响亮的教育品牌结下了不解之缘。

"汝果欲学诗，工夫在诗外"，王洪花十分喜欢陆放翁的这句诗，她以此来形容抓学习成绩与抓文化建设的关系。她说："一所学校要办得上层次，文化建设是关键，其功夫在抓成绩之外。"

释疑"办学之严"
倡导"水的精神"

在"勤学、自立、成才、报国"的校训指引下，四中的办学质量在天津市中学教育队伍中名列前茅，有口皆碑。这与王洪花的努力工作是分不开的，但四中之"严"也是出了名的。在王洪花看来，这种"严"绝不是苛刻与严厉，而是滴水穿石般的执着与坚持。这种"严"，可以激发潜能，为学生成人成才奠基。

四中的内涵，绝不单是一个"严"字可以概括的。她直言不讳地说："我们能理解别人把四中的文化理解为'严'，因为我们在学校管理中实施精细化管理，追求细节，狠抓落实，并能办出成绩。"沉思片刻，王洪花继续说，她同意大家所说的四中文化中"严"的成分，但四中的"严"是遵从教育规律的"严"，是符合科学道理的"严"。就像培养运动员必须按照规律，考虑运动员的身体条件并循序渐进一样。"没有成绩，就没有地位；只有成绩，就没有品位。"她补充道。

这些年来，除了中高考成绩的优秀表现，四中还涌现出中国少年科学院小院士、全国长江小小科学家、中国青少年科技创新奖获得者、国际发明博览会银奖获得者、最美中学生等优秀学生代表。学生们深爱四中，在这里，探索得到支持，失败得到鼓励，学生的创造激情被充分点燃。

2009 年，王洪花在全校首提四中"水的精神"。"上善若水"：水充满灵性，能滋长万物，谓之至仁；水遇满则止，去高就低，谓之至正；水持之以恒，虽然柔弱却能穿石，谓之至勤；水百折千回，却一定能东流入海，谓之至韧。这种仁爱、正直、勤奋、坚韧的精神，赋予四中特有的个性魅力。熟悉王洪花的人，都了解她性格中有着一股"不达目的不罢休"的韧劲。用她的话说，"四中就是磨折不了、压迫不倒的，无论是怎样的艰难险阻，都阻挡不住四中前进的步伐"。

的确，四中人不干则已，干就要干得漂亮、干到最好，四中的学校文化也在持续外化中。四中学生舞蹈队就是例证之一，该社团连续 10 次获天津市文艺展演一等奖。2018 年，四中参加河西区中小学春季田径运动会，就荣膺全区团体第一的佳绩；2017 年成立的"行进管乐队"，继 2018 年获得全国大赛银奖后，2019 年又喜获金奖；2018 年组建的足球队，在 2019 年举行的河西区中小学校园足球比赛中首次亮相，便似一匹黑马一路驰骋，挺进决赛，最终夺得高中组冠军；2018 年学校还成立了龙狮队，如今也成为校园文化的又一大亮点。

弘扬"蚂蚁文化"
实现"合和共生"

王洪花是一名会讲故事、善讲故事的校长。作为学校的灵魂人物，她经常到师生中去，发挥校长的思想影响力。

"在办学实践中，我们信奉的文化理念是'蚂蚁文化'。"王洪花娓娓道来，有一种文化叫"螃蟹文化"，讲螃蟹之间互相制约，这种文化使得整个团队失去战斗力。"蚂蚁文化"则不同：蚂蚁协作共生的特点，对当今社会尤其是教学工作中提倡的团队合作具有启发意义，整个团队会因协作而变得更为强大。

她举例说，四中推选先进，一定推选能激励大家的人。学校肯定的是什么，弘扬的是什么，这是一个导向问题，要让全体师生知道，并且形成一种文化。一视同仁，有功则奖，有过则罚，功过不能相抵。"这是我们对'蚂蚁文化'的一个具体诠释，也是我们文化自觉的体现。"王洪花说。

每年的新年联欢会，在四中并非单纯的联欢，而是一场鲜活的教育活动。有一年，因布局调整，有多名教师进入四中工作。为了尽快消除新教师的生疏感，王洪花给联欢会定了一个"家"的主题，四中是个大家庭。当时，全体教职工都到食堂擀面条、包饺子，场面很壮观。看到这一幕，王洪花与享受国务院特殊津贴的教师俞声弟即兴创作了一副对联。"上联：面条抻出事业盛；下联：水饺包进四中情；横批：家和万事兴。"渐渐地，每逢过年过节，同事间发短信或微信互致祝福，最后都不忘说一句："祝我们大四中蒸蒸日上！祝家人们……""学校如家"四个字，已然深深地镌刻在每一名教师的心里。

2012 年，随着城市交通的发展，四中的搬迁也被提上日程。"校舍拆了，人心不能散。"于是，"凝心聚力"成了当年联欢会的主题。2013 年，王洪花带领学校团队确立了"合和共生"的办学理念，同时构建了"一二二合作发展框架"。"合和共生"，就是通过多方合作，融合团队智慧，整合协调工作，共同促进师生个体、学校集体的和谐发展与成长。

"一所学校的品质，源于对每一个人、每一个细节的精准要求，而学校中每一个人的成功，都建立在彼此合作的基础上。"王洪花如是说。

共赴"美好约定"
精彩"只因有你"

在四中，很多学生习惯了被王洪花请进办公室喝咖啡。作为校长，她也乐于与这些正处于"花季、雨季"的孩子谈心交流，和他们谈理想，谈抱负，谈上名牌大学，谈为国作贡献……

深得校长如此的尊重和礼遇，学生的求知欲和进取心被点燃。有一次，一个高三女生在王洪花的办公室喝了足足 2 小时的咖啡。事情是这样的：王洪花在参加班级分析会时，偶然了解到该生成绩直线下滑。于是，详询班主任，她方知学生家中突遇变故。王洪花煞费苦心，创造与该生"偶遇"的机会，直至"邂逅"。王洪花说："我希望发榜那天，你的名字能够出现在学校的光荣榜上，能够看到你灿烂如花的笑脸。"

学生们不仅爱与她交流，更爱在各种集会上聆听她的教诲。在四中老校区时，王洪花的办公室窗前有一排山楂树。有一次，在高三学生大会上，王洪花对学生说："我见证了窗前的山楂树，从褐色树干到长出满树的绿叶，从雪白的花朵变为红艳艳的果实，就好像经历人生的四季一样。当山楂树结满红红的果实时，同学们，你们会走向哪里？此刻，我特别想借用艾青的诗句来表达心情：为什么我的眼里常含着泪水，因为我对你们爱的深沉……"

质朴的语言、真挚的情感，激励着学生奋发努力。学生毕业后，纷纷去山楂树下留影纪念。在学生心中，这些树是有故事的，是四中文化的具象，是校长赋予的校园文化。有人说，王洪花对学校的倾情投入，就像"和四中谈着一场刻骨铭心"的恋爱。

从选址到修路，从改造校门区到添置设施设备，无论是拆老四中，还是建新四中，她都饱含深情。王洪花用自己的赤胆忠心，一次又一次地打动着上级领导和相关部门，克服了难以想象的困难，实现了新校舍的顺利启用。搬入新校区后，她把更多精力投入新校舍"一草一木"的生态和文化建设上。她说："为了孩子们，所有付出都是值得的！"学生说："我们会像爱护自己的眼睛一样爱护学校。"

有人问："人生最美好的三种状态是什么？"

王洪花说道："人生最美好的三种状态是——不言而喻，不药而愈，不期而遇。"说着，她话锋一转，"但是，在教育教学中，教师必须言而喻，要通过教师精湛的教学技艺，解惑释疑启智，激发学生的潜能；必须药而愈，教师要成为学生的恩师，不仅是良师，还应该是学生的律师和医师，助推学生健康成长；必须期而遇，因为我相信师生之间是有着美丽的约定的，因为有'你'，才成就了彼此的精彩！"

学术型中学的建设者邵志豪[1]

为学生一生奠基，对民族未来负责。

自律、自觉、自信、自由。

做老师对学生好一点，做校长对老师好一点。

——邵志豪

小档案

邵志豪，东北师范大学附属中学校长、党委副书记，正高级教师，教育学博士，清华大学博士后，东北师范大学兼职教授、博士生导师。十三届全国人民代表大会代表。吉林省地理学科带头人，吉林省拔尖创新人才，享受省政府津贴专家，吉林省教育学会副会长。

---

[1] 赵准胜：《中学学术之道在课堂》，载《中国教育报》，2019-11-06。收入本书时有改动。

东北师范大学附属中学（下文简称"附中"）"校长有约"活动如期在学校报告厅进行，邵志豪一一解答学生代表提出的问题，其中几名学生的问题还关系到国家大政方针，整个过程颇有答记者问的意味。

"现在的中学生，可不再'两耳不闻窗外事'，他们对社会、国家、民族的未来非常关心。"邵志豪除了学校管理事务，社会兼职工作也非常多，但他总能准时出席"校长有约"。

附中肇基于1950年，首任校长、著名教育家陈元晖先生曾提出"附中教师要做教育家，不要当教书匠"。在其后的发展过程中，几代附中人自觉开展了大量的课堂教学改革实验，始终坚持教育家办学，坚持实验性、研究型办学特色。2017年，43岁的邵志豪出任附中校长。

一世的身份，一生的热爱

邵志豪出生在浙江省宁波市一个叫邵江岸的村庄。小学一年级学生和三年级学生同在一间教室里上课，这样的课堂，让邵志豪从小就养成了自习的好习惯，也提前学到了很多知识。

小学毕业后，邵志豪被选拔到镇里上初中，开始了独立自主的寄宿生活。1992年，邵志豪高中毕业，考入东北师范大学地理系，独自一人坐火车来到长春市。大四下学期，他被附中录用，成为一名地理教师。自此，这位出生在江南水乡的年轻人便扎根在东北。

"他的普通话听起来不是很标准，但他漂亮的板书、严谨的教学设计给评委们留下了深刻印象。"当年邵志豪参加竞聘时，特级教师郎云华担任面试考官，后来他们同在地理教研室办公，"这么多年，他刻苦钻研课堂教学，善于把习得的知识转化为行动能力"。

20多年来，邵志豪从没有停止学习的脚步。工作5年后，他考取了教育硕士；硕士毕业后，他考取了博士研究生；博士毕业后，他又申请到清华大学进行博士后研究。

"候车室、火车上、宾馆里，只要有点时间他就看书"，外语教师展鑫磊说。邵志豪参加学校"教学百花奖"时展示的极富创造性的"地理活动教学设计"，被收入人民教育出版社出版的高中必修教材；他的系统研究地理活动教学的博士论文，被多次转载；博士后在站期间，他公开发表7篇论文，撰写了20多万字的研究报告。

"学习是最辛苦的事，更是最幸福的事。""终身学习，与时间赛跑。"这是邵志豪的学习观，也是他的生活观。

"地理系组织的野外实习很有意思，我对地理学科的热爱是从那时候开始的。"邵志豪清晰地记得大学期间每一次野外实习的情景：大一去秦皇岛实地考察，进行了地质地貌野外实习；大二时在净月潭住了一周帐篷，测量那里的小气候；大三到安图县二道白河镇，从长白山瀑布一直爬到天池……

任教后，邵志豪为了教会学生计算长春市的经度和纬度，他曾连续一周和学生在校园里测量立竿的方向和影子的长度；为了弄懂月相变化的规律，他曾连续一个月每天晚上和早晨分别记录月相。自2007年开始，邵志豪带领两届学生开展了为期5年的教学实验，为他深入研究地理活动课教学积累了丰富的实践经验。

"我是学地理出身的，'地理老师'是我一辈子的身份，地理教学是我一生最热爱的事业。"在邵志豪心中，课堂是教师的价值所在，课堂是育人的主阵地，课堂是教师与学生心灵对话、生命对话的地方。因此，从一名普通教师成长为校长，他都一直坚持课堂教学，和教师们工作在一起，奋斗在一线。

教学重在育人，学术基于课堂

邵志豪永远把给学生上课排在第一位。

"中学教师基于课堂教学的研究，表面上看是提高课堂效率，其核心是育人理念、思想的诠释。"如何把学科教学上升到学科教育？能否让学生体会到生态教育理念、生态文明建设的理念？能不能从区域认知上升到国家治理的区域平衡的高度？这些都是地理学科蕴含的育人任务，是需要教师去研究的。

近几年，邵志豪通过公开发表学术论文、做学术报告等方式，表明"传承学术精神，为教育家成长铺路"的立场。他强调，中学教师的学术是基于课堂教学的学术，中学教师不能简单重复地教学，而要基于课堂教学实践的理论、规律、方法进行课堂教学，使课堂教学效率和育人价值理念更高深，培养更有创新能力、更具综合能力的学生。

基于这种"中学的学术之道"，附中以尊重历史、符合现实、面向未来为原则，为教师搭建了公平、公正的学术性发展平台：用学校办学理念引领教师发展，让教师找到成长的内在动力；用教学成长和专业成长描绘教师学术性发展的两条路径；用基础性评价、发展性评价、荣誉性评价制度保障教师的学术性发展；用学习型教师、反思型教师、研究型教师、教育家型教师规划教师的学术性发展阶段；用课题、论文、专著、教改实验、教改研讨会来检验学术型教师的发展成果。邵志豪把这种学术型教师发展的平台形象地概括为"12345"工程。他说，校长对教师最大的好，就是帮助他们在自我发展中实现人生的价值。

"12345"工程使附中教师基于课堂的学术意识大大增强。近几年，学校教师累计申请国家级科研项目6项、省级科研项目30余项，发表20多篇CSSCI期刊论文、50多篇中文核心期刊论文，公开出版20多部教科研著作。

"附中带给我最大的变化是，从一开始注重教学规范性和知识点的落实，到基于学科的理解和学生学科素养的培养上。"青年教师周金赫坦言，她的转变源于学校基于课堂的学术氛围。荣获"元晖教学名师"称号的生物教师孟安华表示，基于课堂的学术研究不仅让自己获得荣誉，使科研经费有了强有力的保障，而且让自己对教育教学的思考不断深入，带动学科团队向研究型、教育家型教师努力的意识也大大增强。

"学术型中学的建设既是历史发展的凝练，也是新时代发展的必然。附中学术型中学的定位、教育家办学的理念必将促进学校的核心价值和品质提升，也将对同类学校起到巨大的引领作用。"东北师范大学教育学部资深教授柳海民说。

时间还给学生，空间留给学生

2019 年 6 月 30 日下午，一场别开生面的学术报告会在附中报告厅举行。

张梓萌同学的论文题目是"以辛普森杀妻案为背景浅谈美国的程序正义"，在其论文最后，写评语的竟是北京大学中文系的汪锋教授。"对于案件的概括，以及对于程序正义的理解和解释都很到位……研究论文首先是要表达清楚，语言准确。张梓萌不仅做到了这一点，其对学术叙述的良好把握，超出一般水平。"

"这是学校实施的'1+1 社科人才项目'。"为深入实施人文社科人才培养计划，为学一丝不苟、为人温文尔雅、为事雷厉风行的邵志豪赢得了诸多大学领导的欣赏和支持，学校聘请到北京大学、清华大学等十几所高校的 50 多名教授担任兼职导师，对参加人文社科创新实验的学生在选题、开题、论文撰写、结题等环节面对面或借助网络进行指导。

本着"把时间还给学生，把空间留给学生"的原则，附中进行了功能性课程体系重建，以"德智体美劳"为内容，以"五育并举"为方法，面向全体学生培养综合素养。例如，突破学科之间的独立性，把"人工智能"与"STEAM"（集科学、技术、工程、艺术、数学多学科融合的综合教育）确立为常规课，以项目驱动方式引导学生自主探究；在高三设置"击剑"和"射箭"课，让学生在高度紧张的环境中学会凝视一个目标。附中构建了以"理科基础人才""人文社科人才""新工科创新人才""艺术创意人才""国际理解人才"等涵盖"八个通道"的"多元创新人才模式"，与大学人才培养实现了有效衔接，使学生进入大学以后能够表现出巨大的发展力。

一个偶然的契机，邵志豪了解到国家级贫困县安图县委领导有寻求教育援助的愿望。经过一番深思熟虑之后，他决定在安图县实施一项系统的教育帮扶——"1+1 深耕计划",从而将自己在"两会"期间提出的"师范大学、地方政府、知名中小学三位一体的'U-G-S'协调教育扶贫"建议通过具体的路径付诸实施。"我们是全学段办学,可以全方位对接安图县 33 所中小学、幼儿园,他们需要什么,我们就送什么。"

"实践经验总结和实践问题破解,需要长期的同伴互助式的帮助。"学校为安图县教师安排指导教师,建立起长期帮扶关系。从课堂到学校管理,在学生德育、课程建设、学生管理各方面,附中和安图县实现了全方位、高频次的对接。邵志豪一次次带领在岗优秀党员教师赴偏远地区送教,渐渐地,附中的教育扶贫工作由"零散"和"线形"发展为精准化、立体化。

"推动教育精准帮扶工作,带动乡村学校快速发展,促进基础教育公平而有质量地发展,是附中人的自觉,也是附中人对民族复兴的担当,是家国情怀使然。"邵志豪说,"附中将永远扎根中国大地,努力建设知行合一、世界一流的现代化学校。"

薄弱校蝶变的推动者夏强①

教真知，育真人；求真知，做真人。

——夏强

1983 年至 1985 年，夏强响应国家号召赴新疆阿克苏地区乌什县支教，与当地学生合影。邓睿 供图

小档案

夏强，河北省石家庄市第四十四中学校长，河北省首届中小学骨干校长，石家庄市中小学十大知名校长、首届名校长工作室领衔校长。正高级教师，全国优秀教育工作者，河北省特级教师，河北省教育系统先进工作者。20 世纪 80 年代到新疆支教，被中宣部、国家教委（现为教育部）授予全国"八十年代优秀大学毕业生"称号。

---

① 周洪松：《行为世范，育成真人》，载《中国教育报》，2019-11-27。收入本书时有改动。

从激扬的弱冠之年到稳健的知天命之岁，从奔赴祖国西北最边陲小镇支教到成长为省会两所知名学校的校长，近40年间，河北省石家庄市第四十四中学（下文简称"四十四中"）现任校长夏强把美好的青春岁月全部献给了基础教育事业。这些年来，他在行走与探索中收获了人生的充盈与幸福。步入四十四中大门，迎面矗立的花岗岩石上镌刻着八个大字：责任、荣誉、感恩、包容。这八个字，充分凝聚了这所年轻的中学坚守的管理智慧和教育情怀。如今，夏强依然不忘初心，踏实前行，依然保持着甘为教育奉献一生的赤子之心，依然不停追问着教育的本真，依然努力追逐着自己的教育梦想。

天山脚下的"儿子娃娃"

1981年8月，刚满19岁的夏强，从河北师范大学师专班毕业后，带着未脱的稚气和满腔的热忱，跨入石家庄市第四十中学（下文简称"四十中"）大门，成为一名光荣的人民教师。夏强清楚地记得上班第一天父亲对他讲的一番话："要听党组织的话，踏踏实实做人、认认真真工作，要教书育人、为人师表。"

1983年初春，听闻市教委有支边任务，这个血气方刚的年轻人心头一热。他主动找到招待所，听新疆同志讲述了当地教育落后和存在的困难等情况后，夏强那颗年轻的心被深深触动了。

"听从党的召唤，到祖国最需要的地方去建功立业！"夏强毅然做出了人生中第一个重要抉择。"好儿女应该到大风大浪中锤炼成长。"已88岁高龄，远在千里之外的外婆专程赶来鼓励他。

从石家庄火车站踏上西去的绿皮列车，晃荡三天三夜行至乌鲁木齐，再转乘汽车颠簸四整天，抵达目的地——新疆阿克苏地区乌什县，这个祖国最西北的县城。夏强被安排到乌什县回汉中学教书。

在回汉中学，夏强同时担任高中文科、理科两个班的班主任，还教着高一、高二两个年级的化学课。两个春节都和学生在一起，他把自己真正融入了这个集体。学生基础差，几个假期他都给学生补课。春节，当地教师都放假回家。

他爬上九女峰，迎着刺骨寒风，眺望着向东绵延的天山，热泪滚滚而出："我也想家啊！"

每到古尔邦节和肉孜节，夏强会主动到当地的朋友和学生家中拜访。他还和当地一个年龄相近的小伙子成了好友，一起锻炼身体，互相学习语言。很快，夏强买东西、进行家访都不用别人翻译，不但能说维吾尔语，还能用维吾尔文写信了。

"这个从太行山来的巴郎子（孩子），就是我们天山脚下的'儿子娃娃'（当地对男性的夸赞之词）！"说起夏强，县里清真寺的老阿訇亲切地这样说。

为提高教学质量，夏强全身心投入工作中，特别注意化学实验演示和学生实际操作。"听到的，我会忘记；看到的，我会想起；做过的，我会理解。"这是他那段时间悟出的一个教育规律。他教的那届学生在高考中化学成绩平均提高近 30 分。

除了教学工作外，夏强还和另一名教师组织成立县田径队并任领队。在 1984 年全地区田径比赛中，他们荣获团体第三名，创造了乌什县在阿克苏地区比赛中的历史最好成绩。1983 年年底，他组织成立学校第一支女子足球队，当年就在县联赛中取得亚军。

1985 年 3 月，夏强荣获新疆维吾尔自治区优秀专业技术工作者称号，还被中宣部、国家教委授予全国"八十年代优秀大学毕业生"称号。

但最令夏强难忘的，是 1985 年 4 月 17 日站在鲜红党旗下的庄严宣誓。"这是我人生中的第一次历练，也是自己教育生涯的一个重要节点。我下定决心要为教育事业奉献一生。"

薄弱校蝶变的推动者

在夏强看来，衡量一个好校长的重要标准之一，是看是否形成基于社会发展需求的教育理念并有效推行。

完成支边任务后，夏强回到四十中，继续从班主任、任课教师做起。四十中是众多家长和孩子热切向往的优质资源学校，2002 年 7 月，他接任校长。

"那么，教育的本源何在？目的何在？学校教育的使命又是什么？当今教育，每个孩子上大学，是不是有所谓体面工作才叫成功？培养学生'成人'比'成才'更重要；'成人'是基础，'成才'是目标。"一连串的追问与思考，让夏强头脑中逐渐形成了清晰的认识。

2007 年 11 月，市教育局计划将夏强调任四十四中校长兼党支部书记。学校位于省会东南隅的城乡接合部，生源大多来自市郊和市区外 20 多个村庄，或是进城务工人员子女。夏强又一次做出人生重要抉择：到最需要自己的地方开启一段新的教育旅程。就在这里，夏强明确提出并推行了"不苛求人人成才，但必须个个成人"的教育理念。

"初中 3 年要培养学生的良好习惯、优秀品质、健全人格。我们教孩子 3 年，要为孩子想 30 年。"这是夏强经常在大会小会上跟教师们强调的话。初一"律行成习"，重在培养学生良好行为习惯；初二"化习为德"，重在培养优秀道德品质；初三"修德养和"，重在形成完美健全人格。

随父母从外地一个偏僻山村来到石家庄的张雅慧，在校 3 年间，变得知书达礼、乐于助人。"说实话，如果不是四十四中，我的小孩恐怕还是一个没有自信的农村丫头。"张雅慧母亲充满感激地说。

四十四中不仅注重营造良好的德育环境，还注重给学生创造一片自由发展的天空。文化科技节、河北梆子合唱节、体育节、集体舞比赛、国庆文艺汇演等几十项活动，让学生们乐在其中；阳光体育活动，每名学生除了跳绳、踢毽子和集体舞之外，还要学会吹奏口琴、跳骑马舞。从 2013 级学生开始，学校又创造性地把国家级非物质文化遗产——井陉拉花融入课间操中。

时逸之、苏文研从暑假开始，利用 3 个月时间走访、调查，写出了倡议低碳生活的调查报告，在河北省科技创新大赛中斩获一等奖。大批"原本资质平平"的学生在各项活动中脱颖而出。

在夏强的科学筹划与积极努力下，四十四中实现了由新建校、合并校、薄弱校到优质均衡发展典范的华丽转身。

辽阔教田里的追梦人

"每当我走进华东师范大学那古朴和宁静的校园，走入丽娃河畔的教育部中学校长培训中心大楼，心中总有一种温暖和亲切的感觉，那是一种回家的味道。"反思自己一以贯之的教育实践探索，夏强对有幸参加三期全国中学校长研修班感念颇深。

教育部中学校长培训中心主任代蕊华教授说，校长要有教育家的情怀与追求；该中心原主任陈玉琨教授说，让学校做得更好，就是要让学校更有朝气，让教学更添智慧，让师生更讲道德，学校更具美感，让教育更富创造性，让员工更加和谐；该中心张俊华教授让大家了解到了国际教育的发展现状和发展趋势……他们的理念冲击着夏强的心扉。

"作为一名基础教育工作者，我们一直躬身实践，同时又囿于实践，办学实践不能得到及时有效的梳理，急需沉淀与提炼。"就是在这个过程中，夏强逐渐明确了自己的教育主张，"不苛求人人成才，但必须个个成人"，把培养较高目标的"成才"与培养基础目标的"成人"有机结合。

十余年来，四十四中与全国多所名校建立了友好关系，有计划地选拔骨干教师到各地名校参观学习，多角度、多方位学习先进教育教学经验。

其间，夏强带领本校教师北上东北平原，南下长江、珠江三角洲，西跨太行山脉，东进齐鲁大地，翻越巴山蜀水，就是为了取到"真经"，学到"真功夫"。

2015年，夏强校长个人专著《不苛求人人成才，但必须个个成人：提升学生生命品质的学校教育实践》由华东师范大学出版社正式发行。2002年以来，他主持5个省级课题4次获得教学成果奖，其中"城乡接合部初中阶段学生成'人'教育模式的实践与研究"荣获一等奖。

做好自己还要影响带动周边，由一棵大树发展成一片森林。2019年4月，夏强被石家庄市教育局评为首批名校长工作室领衔校长。夏强培养的学员中，

30 余人成长为校级干部，众多优秀教师成为当地教育教学骨干中坚。

教田辽阔，星空璀璨。"我的教育梦想就是'教师进步、学生成人、校园美丽、学校发展'，实现或者实现一大部分，我就满足了。教育是认识人、培养人的伟大事业，是慢的艺术，需要我们静下心来用无声的爱去守望；教育又是美的享受，在心灵守望中静听着花开的声音。"夏强如是说。

教育是心灵的对话：任奕奕的耀华实践①

教育是心灵的对话，在倾听中激发深层次互动，形成师生求索的良性循环。

——任奕奕

任奕奕和学生一起参加活动。刘学宇 供图

小档案

任奕奕，天津市耀华中学校长、党委副书记，天津市特级教师。中国数学学会理事，中国教育学会高中教育专业委员会常务理事，全国教育专业学位研究生教育指导委员会委员。全国优秀中学校长高级研修班学员，天津市首批中小学"未来教育家奠基工程"学员。首届全国教育改革创新杰出校长奖、全国百强特色学校"十佳创新校长"称号、天津市五一劳动奖章获得者。

① 徐德明：《教育是心灵的对话》，载《中国教育报》，2019-12-04。收入本书时有改动。

天津市耀华中学（下文简称"耀华"）创办于 1927 年，创办人庄乐峰先生在《耀华学校建立十年序》中说："盖今日之校风……本校以勤朴忠诚为校训者，使人人脚踏实地，身体力行。""为党育人，为国育才"的教育信仰历久弥坚，而耀华文化正是在一种教育的时空对话中逐渐衍生出来的。任奕奕就是在耀华文化氛围中一步一个脚印、"土生土长"起来的校长。从 1983 年任教开始，她始终没有离开过耀华。1998 年，她开始担任副校长；2008 年，担任耀华第 15 任校长。站在耀华前辈的肩膀上，任奕奕不断探索新时代新环境下耀华教育的特色。

教育到底是什么？每个人心底都有答案。在任奕奕看来，引导人、尊重人、发展人、完善人，教育是心灵的对话。

引导人，厚积"勤"探索

"知识有两个层次，浮在上面的是信息，它能为你所用，却不能沁入心脾；沉在下面的是学养，虽无形却是构成精神存在的根基。只拥有信息的人看到一块石头就是一块石头，一粒沙子就是一粒沙子；而有学养又拥有信息的人能在石头里看到风景，从一粒沙里发现整个世界的美。"

基于这样的认识，任奕奕认为只关注信息层面的教育会导致如下结果：培养出来的学生再优秀，也不过是"一流的考生"；培养出来的教师再优秀，也不过是"一流的教书匠"。耀华追寻的是"全人教育"，要培养的是"一流的学生""一流的先生"。

"引导"，成了任奕奕时刻放在心头的关键词。近年来，她多次受邀到南京大学、中国人民大学等高校参加活动，还应邀出席天津师范大学、天津财经大学、天津医科大学等 5 所高校的开学典礼。每次外出，她都有个习惯——给耀华同人寻找、创造开阔视野的机会：到中国人民大学参加学术会议，她带着 3 名在高三教学中作出贡献的教师一同前往学习；南开大学百年校庆，她把耀华所有从南开大学毕业的教师列出名单，选派其中的优秀代表参加，向南开大学领导介绍南开学子在耀华教师团队中发挥的作用。抵达南京大学当晚，她在活动议程中细心地发现主办方有参观南京大学图书馆的安排，这项议程非常适合对图书馆工作有着浓厚兴趣的某名教师参加，于是她连夜安排那名教师赶赴开会地点。

"我始终不忘教师的视野拓展和业务提升，让'爱一行'的教师有机会'钻一行'。"任奕奕坦言。很多高端学术会议仅邀请校长参加，但只要有机会，她希望教师也能拥有学习的机会，拓宽视野，提高涵养。

耀华还有一个传统：定期邀请各领域名家大师走进"耀华讲堂"，与学生面对面。耀华邀请的名家大师，大多是在耀华文化浸润下走出去的毕业生，有以院士为代表的科学巨匠，还有艺术名家、文苑大师、政界名人、体坛健将。"耀华讲堂"在丰富师生学养的同时，也悄然点亮了耀华师生勤奋进取的心灯。

尊重人，彰显"朴"作风

在耀华，有这样一面独特的墙板，名为"耀华教师风采墙"。这面墙没有华美装饰，但它是耀华校园最具人气的地方之一。

"德行为上，学品至真""教学的艺术在于激励、唤醒、鼓舞""把简单的事做彻底，把平凡的事做经典""且行且珍惜""勤勉砺书卷教学相长，爱心育桃李杏坛芬芳""阅读，省思，正德，分寸"。教师的形象美丽典雅，教育心语质朴纯真。学生们留影以此为背景，毕业生回校于此流连忘返，教育同人来访也常驻足在风采墙前。

"这面墙，是我当校长之后精心设计的。凡教龄满 20 年的耀华教师，都能荣登'耀华教师风采墙'。句句箴言，彰显着教师对教育的赤诚热爱；个个形象，传递着耀华人对教育的执着求索。"任奕奕说，耀华人有一种对功名利禄保持宁静淡泊的"朴"。

"无论位置高低，相处时最重要的就是两个字，尊重。"任奕奕说。这些年来，她尊重每一位教职工，在校园里，无论距离远近，她都主动和师生打招呼。她还时常停下脚步，与师生倾心交流。她始终把让教师心情舒畅当作校长的日常追求。在互相尊重的氛围中，困难的问题不再困难，艰险的事情不再艰险，不好走的道路也在与同人的携手中走过。

发展人，显示"忠"境界

中央电视台有档节目叫《我要上春晚》，近年来，耀华教师群体中也流传着一个与之相仿的说法——我要上全体会。这个全体会，每个人都能唱主角——教师当仁不让地成了组织者、召开者、宣讲者和表演者。

8 年间，耀华的全体会已经汇集成了一本厚重的"书"："年度最喜爱教师"颁奖会、"卅载春秋桃李意，心系杏坛耀华情"老教师风采录、"在体验中成长，在感悟中升华"德育活动展示、"初为人师，一展风采"新教师汇报会、"砥砺共勉，任重道远"青年教师出师会、"学校文化在我心中"以及学期末的"向全体耀华人致敬"活动。

任奕奕说，全体教职工在这种高品质的学习活动中进行着深度互动和反思性对话。在这个过程中，新的能量建构产生出来。在不断积累和补充中，学校的能量建构日复一日、年复一年地不停积聚，学校走上了朝气蓬勃的质量提升之路。

作为校长，任奕奕每年在学期开学初向大家汇报自己的想法，其发言的主旨总会围绕这样的耀华教育主题——"为党育人，为国育才""勤朴忠诚，光耀中华"。而这样的教育主题，也是全体会的主题。

在这个平台上，耀华的干部、教师纷纷将"小我"融入"大我"。"耀华之发展，在于传承。耀华之办学，不是一人之力、一时之功。"任奕奕说，"忠"字成了耀华人精神品质的底色。

完善人，体现"诚"性情

在耀华，一项持续多年的学生全样本问卷调查，进一步筛选出该校学生心目中优秀教师的形象。在"优秀教师素质'18选10'"的统计结果中，"爱学生"一项连续多年荣登榜首；而在"12选1"的问卷中，几乎每一届学生都把"尊重课堂中的每一个人"作为优秀教师素质的首要素质。在一年一度的"学生最喜爱教师"特色评选活动中，被评选出来的教师都具备"教学效果好""方法得当"等显性教学能力。

对这几项问卷，任奕奕解释说，通过问卷调查，可以倾听来自各方的真实声音，以此引导学校及教师抓住发展的主流方向，不断地完善自我，成为更好的自己。调查结果说明：教师的人格力量远远大于专业的力量，隐性的精神支撑着教师不断追求显性的专业技能；而师德又不是虚幻的，"尊重课堂里的每一名学生"最终需要落实到"讲课吸引人""批改作业认真""辅导学生耐心"这样的具体教育行为中，"敬业"之余更需要"专业"和"精业"。

"对事业、对人都要保持精益求精的诚实。如此，才能更好地育人。"任奕奕是这样说的，也是这样身体力行的。每年新生入学教育的第一堂思政课，她来主讲；每学期开学讲话，她更是分年级有针对性地开展"巡回演讲"。2019年开学初，百忙中的任奕奕和公办初三教师联合上了两堂课，让她倍感兴奋。第一堂课，她给公办年级学优生进行学习方法、理想信念教育；第二堂课，她又给25个学习上暂存困难的学生讲了一节数学课。课堂上，任奕奕用妙趣横生的语言与学生互动，多角度多层面调动孩子们的积极性。在知识传授中，她与学生不断交流着情感。学生从质疑变得坦诚，从打量观瞧到全神贯注，一节课转瞬即逝。

"耀华拥有厚重耀眼的历史、德艺双馨的教师、独特丰富的文化，所有这一切都让我的内心升腾起一份使命与责任。"任奕奕满怀深情地说。那些肩负民族重托和强国责任的耀华人，对学习工作孜孜以求的"勤"，对功名利禄所持宁静淡泊的"朴",对国家拳拳报效的"忠",对事业精益求精的"诚",深深地感染着一代代耀华师生,转化为永恒的心灵力量,融进耀华人的血液中,帮助他们树立远大崇高的人生信仰,于"奋发有为,光耀中华"的新长征路上矢志不渝,奋力前行。

从大学里来的跨界校长徐向东[1]

创新人才是自己"冒"出来的，而不是被他人"养"出来的。学校教育不应该是打造越来越固化的"机械模具"，而是要为充满生命活力的学生成长敞现开放的希望空间。

——徐向东

2011年徐向东在华东师范大学大礼堂"人民教育家论坛"分享办学理念。 程勇 摄

小档案

徐向东，上海交通大学附属中学校长，上海交通大学附属中学嘉定分校、闵行分校、第二中学校长兼书记。华东师范大学博士，上海交通大学教授，上海市特级校长。兼任上海市高中教育管理专业委员会主任，中国教育学会高中教育专业委员会副理事长，中国教育学会常务理事。

---

[1] 任朝霞：《敞开创新人才成长的希望空间》，载《中国教育报》，2020-04-01。收入本书时有改动。

上海交通大学附属中学（下文简称"附中"）位于上海市东北角的殷高路上，与西南片的上海交通大学徐汇校区和闵行校区遥相呼应。

"附中有一大批优秀的学生，上海交通大学欢迎他们前来求学。但是，如果他们志不在此，选择更适合他们发展的大学，满足他们的兴趣与特长，学成后能报效祖国，我也会非常高兴。"上海交通大学原校长张杰曾这样表述对附中学子的期望。然而，一个有趣的事实是——附中高三毕业生每年考入人数最多的高校依然是上海交通大学。也许，那正是一种文化和理念的默契与传承。

"饮水思源，爱国荣校，上海交通大学是为强国而生、为强国而长的。我们有着共同的愿景，那就是为了每个孩子的成长，服务国家发展和人类社会进步。"大学的自由与包容促成了附中独特的办学特色。附中被誉为"最像大学的中学"，校长徐向东最引以为傲的是中学与大学有着灵魂与血脉的"无缝对接"。

跨界——
大学里来的年轻校长

1999年4月，34岁的徐向东调入附中任副校长。2002年8月，他被上海交通大学任命为附中常务副校长主持学校工作。踌躇满志的年轻人面临的第一个状况，却是学校办学质量严重滑坡。

研究生毕业以后，徐向东一直在大学里工作，专业活动集中在工科，主要"领地"在高校，对于中学教育几乎"零经验"。这让他陷入了忧虑。

"跨界，有时候带来的是新的思路。那么，如何把短处变长处？"既然是大学的附中，育人的理念应该是一致的。徐向东开始从大学的视角审视这所中学，他决定给附中"动个手术"。

"先抓教师的课堂教学评价。"多年的工科思维训练，总是在督促着徐向东追寻改变现状的方法，也总是能让他很快找到核心的突破口。

然而，搞管理的人都知道，评价是把双刃剑，是"牛鼻子"也是"硬骨头"。

"没有办法，不动手术就意味着等死。"出生在新疆，在北京读大学，又到上海读研、工作，"走南闯北"的经历让这个年轻人显得成熟而果敢。

很快，学校设计出"教师教学评估调查表"，将上海市二期课改的三维目标细化为 20 个指标，主要包括"备课认真态度""布置作业的质与量""对学习困难学生的关心程度""在学科教育中有效实施德育"等。

在评价体系中，学生评价占 40%，教研组同行评价占 20%，学校学术评审委员会评价占 30%，学校领导评价占 10%。

学生给教师打分？这在附中是破天荒的事。

徐向东却说："只有学生最了解课堂教学的真实状况。"

第一次评分，学生给全体教师打的平均分才 79 分。当然，这个分数是保密的，只有学校领导班子知道。徐向东带领导班子拿着学生打分的表格一一找教师谈心：学生评价教师教学的长处在哪里？不足是什么？怎么改进？学生的评价与教师的自我感觉不一致，问题出在哪里？

"分数上我们倡导教师在纵向上和自己比，反对横向上展开教师与教师之间的比较。"徐向东说，把真实的心灵交给教师，自然也会收获理解和认同。终于，教师们放下了戒备，开始正视调查表上的分数。

从 79 分到 98 分，学生的评分在逐年上升。而今，评价指标减成了 12 项，因为其余的 8 项早已全是满分。伴随着评分一起提升的，是师生关系的更加和谐和教育教学质量的不断提高。渐渐地，"自主探索，相互激发"的理念开始在教师们的心中生根发芽。

转型——
搭建平台激发教师探索

评价只是手段，核心是人才培养方式的转变。

2009 年，徐向东带领学校成功申报上海市教育规划课题"大学附中依托高校实现创新人才的研究"，开始以课程开发为载体，探索创新人才培养的路径。学校先后与上海交通大学、上海交通大学医学院等高校深度合作，建构以建设"科技特色高中"为目标的校本课程图谱。

成立"虚拟教研组"、成立不同特色目标的实验班、建设各类课程中心、把生涯发展教育引入高中教育体系……一时，学校的课改试验引发同类学校的关注和效仿。全市4区14所学校先后前来"取经"，很多做法还为上海市课程方案修订提供了思路和参考。

课程是载体，要实现真正的成长关键还在于人。

作为校长，徐向东更关注的是学校如何搭建坚实的平台和自由的空间，激发师生自主探索，从"要我学"走向"我要学"，从"要我教"走向"我要教"。

他从设计学校发展规划入手，两轮学校五年发展规划的设计都通过各种办法让师生积极参与。2017年，学校参加上海市实验性示范性高中发展性督导评估，师生对学校办学理念的认同度均在97%以上。学校诸多改革让人印象深刻。

学校很少开全体教工大会，开会时间大多集中在中午，只要相关人员出席即可。校务会议精神在会议结束后半小时之内传达到中层，3天之内会议纪要文本传达到教师和班主任，会议组织者还必须定时间、定地点、定主题、定议程，以便给教师腾出更多教研时间。在校办主任黎冀湘的办公桌上，记者看到一份材料，清楚地写着第二天会议的两项讨论议题。

"徐校长治校严谨、规范却又不失温情。"学校教务主任张珂不仅捧回上海市基础教育青年教师爱岗敬业教学竞赛特等奖，还获得了上海市五一劳动奖章。他说："有一天，徐校长突然找我说，他发现我的履历中缺少教学业务方面的市级奖项。校长竟然会关注到这样的细节。比赛前一天他还发信息，安慰我不要紧张。"荣誉背后是徐向东对教师成长机制的关注。没过多久，学校首届青年教师教学大赛举行，3个校区32名教师分组比赛，学校的教研制度中又有了新的内容。

"附中的教师不用坐班？真的放心吗？"记者问。

"教师这个职业与其他许多职业不一样，教学成效主要靠教师自己，校长的责任是搭建好平台，激发教师教育的智慧。"徐向东说。

创生——
大学附中的独特使命

2010年，徐向东做了一件旁人不能理解的事情：报考博士。

作为上海坊间所称"四大名校"的掌门人之一，年龄也"奔五"了，完全没必要折腾了。可对于徐向东来说，到了"知天命"的年龄才发现，自己心头总有一件事情不能释怀。

钱学森之问曾经触动很多人的心。作为附中的校长，徐向东也曾不停地思索这个问题。终于，教育部中学校长培训中心教授陈玉琨的一席话打动了他："向东，因为担负着名校的历史责任，所以你不能随遇而安，平凡度过。读教育博士并非为了给自己头上戴一个学者的帽子，更重要的是，你要从研究的角度推动教育变革，追求教育本真的意义。你虽理工科出身，但已经在教育领域打拼了数十年，以工科视角看教育，本身就是一种美妙的事情。"

于是，徐向东开始了6年的"苦读"。读博士、写论文，徐向东依然是工科生的思维方式：三分之一积累调研数据，三分之一开展实验，三分之一总结可推广可复制的经验。

他不仅调研别人的做法，同时也亲身实践。2010年起，徐向东坚持为科技实验班学生上"创新思维方法与训练"的选修课，2016年还担任了附中"仰晖计划"4名学生的生涯规划导师。

因为入学时分数很高，高一时学生肖震宇总有些洋洋自得。徐向东担任他的生涯导师后，主动找他谈话：优秀从来都不值得炫耀，真正优秀的人是让优秀成为习惯。在他的引导下，肖震宇慢慢调整了浮躁的心态，开始为梦想挑战自我。

"作为校长，我首先要考虑的是，如何激发孩子们创新的潜能。"

徐向东顶住压力，坚持通过适当的"留白"给学生敞开高品质的自由空间。在学校实验中心的教师办公室，有6张桌子是留给来做创新实验的学生的。

"高中阶段是一个人创新意识、创新思维、创新能力发展的关键时期，不能错过啊！大学附中肩负着创新人才培养的重要使命。"徐向东感慨而坚定地告诉记者。

学校的"创生"实验楼，是徐向东最喜欢去的地方。楼是中空回字形结构，站在一楼天井里抬头仰望，回字廊上蓝色星空背景展示板上，写着一个个获得创新类奖项的学生的名字：詹林，丘成桐杯金奖；张宇晖，国际科学与工程大奖赛二等奖；张雨琦，入选国际科学与工程大奖赛国家队……

徐向东说，他的使命就是脚踏实地撑起学生成长的天空。

打造一所靠精神站立的学校：
刘伟与山西大学附属中学①

名校的办学特色是在长期教育实践中形成的，其培育人才成长的沃土、引领师生实现精神站立的办学指导思想，是学校走向卓越的根本。它的示范和引领会影响每一个学生。

——刘伟

山西大学附属中学承担着西藏学生的培养任务，刘伟校长经常和西藏班学生交流，了解学生的学习生活情况。段雷钢 摄

小档案

刘伟，哲学博士，中小学高级教师。现任山西大学附属中学校长，第十一届国家督学，中国教育学会德育分会常务理事、高中专业委员会理事，山西省校园足球协会副主席，太原市第十四届人民代表大会代表，中国人民政治协商会议第十二届山西省委员会委员，曾获"全国民族团结进步模范个人""山西省精神文明建设先进个人"等荣誉称号，是山西省委联系的高级专家。

① 赵岩、高耀彬：《打造一所靠精神站立的学校》，载《中国教育报》，2020-04-15。收入本书时有改动。

"不怕心里的梦飞得太高太远，只要脚下的根扎得够深够牢""听过许多名言警句，都不如我们的校训来得直接有力——志存高远，脚踏实地"。几乎所有山西大学附属中学（下文简称"附中"）的学生对"志存高远，脚踏实地"这一校训有着高度的认同。

附中这一校训诞生于 20 多年前，当时，初出茅庐的刘伟刚刚入职附中。从教师、班主任到校团委书记，一路走来的刘伟始终是这一校训的亲历者、实践者。如今，接过校长重担的他为校训赋予了新的内涵——"以昂扬的学校精神和充满魅力的教育，引领学生在自主发展中形成鲜明的个性特长和崇高的人生追求"。刘伟说："这是附中确立办学思想、构建办学体系过程中的着力点。"

学校要靠精神站立

"人活着要靠一种精神站立，从而唤醒内心的责任感。有了责任感，才能学会担当，只有学会担当才能走得更远。"附中一年一度的成人礼都气氛热烈而庄重，刘伟每一次的声音都铿锵有力。受礼学生不仅能得到师长的寄语、同学的祝福，还能得到学校精心准备的一份特殊"礼物"——《中华人民共和国宪法》。

"此刻，你们已经成为完全意义上的公民。公民应具备的法治意识、责任意识等，你们都应该具备。"为学生致辞，刘伟显得特别激动。

20 世纪 50 年代中期，附中脱胎于山西省干部子弟学校。学校成立之初从山西大学调入一批讲师和管理干部充实教师队伍，对学校形成崇尚民主自由的教风和学风产生了深远影响，奠定了学校今后办学中尊重学生特长发展和彰显个性成长的思想基础，影响了几代附中人。这也是刘伟"一所学校要靠精神站立才能屹立于名校之林，一种教育要靠精神站立才能充满力量"的教育价值信仰产生的历史渊源。

"教育不能只教会孩子们考试成功，但从不引导他们思考人生。"基于这样的认识，多年来，附中努力从"健康的心理、良好的规范、正确的价值观"3个维度构建学校育人工作体系，实现对学生的精神再造。同时推出了包括公开演讲、质疑提问、实验探究等在内的《学生卓越发展的实践载体 10 项制度》，第一条就是"义工服务制度"，其用意不言而喻。这条规定要求，"每个学生在校 3 年期间至少要完成有时间、地点、确认人记录，时长不少于 30 小时的校内义工服务"。可喜的是，这项制度实施十几年来，几乎所有学生都能完成。

精神再造需要榜样引领。"爱国从来就不是一个口号，它是一种最朴素的情感，是一种流淌在我们血液中的力量……要让这个时代不负你，首先你要不负这个时代！"2019 年学校庆祝中华人民共和国成立 70 周年升旗仪式现场，刘伟以一篇题为"今天，我们怎样爱国"的演讲，感染了在场所有师生。升旗仪式刚一结束，他的演讲稿就被学生拿去作为"范文"争相传阅。

在附中，围绕中华优秀传统文化、革命题材、高雅艺术、节庆活动等举办的各类大型活动，主题鲜明，形式多样，品位高雅，使学生在熏染中体验人生意蕴、涵养浩然正气。

"让学生从精神层面占领制高点，就从根本上改良了学校育人土壤，能够激发他们追求梦想的激情，引领他们迈向担负国家责任的远方。"刘伟说。

不拿一把尺子量学生

作为一所全国名校的校长，刘伟从不否认附中生源较好的优势，但他更清楚，再好的种子离开沃土的滋养也会枯萎，学生的卓越发展必须依靠学校科学有效的培养体系来支撑。

近十几年来，附中从学校发展的各个层面，制定发展策略，逐步构建起了包括理念文化系统、德育培养系统、学校课程系统、教学实施系统、学生发展系统、特色培养系统、育人保障系统七个子系统在内的学生培养体系。这七个系统互相支撑，互相渗透，形成一个较为完整的育人体系，从机制上保障了学生的全面发展、个性发展、特长发展和卓越发展。

面对新一轮技术革命的挑战，着眼于后工业化时代对未来人才素养的要求和学生创新实践能力的培养，刘伟在原有高标准的理、化、生拓展实验室的基础上，又组织建设了智能制造实验室、创新实践实验室等，力求打通信息技术、通用技术、学科知识的课程界限，把知识和能力与解决实际生活问题结合起来，让学生在实践中体验、感悟和探索未来世界的图景，进而激发他们对未来职业发展的规划方向。许多大学毕业后回母校参观的学生感慨，很少有中学能办得如此具有"大学气质"。

在附中整个教育教学过程中，包括刘伟在内的历任校领导始终坚持着这样一种基本的价值追求和判断：不追求所有学生的某一共同特色，而追求每个学生的特长发展；不追求全体学生的平均发展，而追求每个学生的自主发展；不仅追求少数优秀学生的个体高度，更追求全体学生的群体高度。

在附中，学校和教师对学生个体的充分尊重，不仅体现在对优秀学生的发展支持上，更体现在对面临学习困境学生的关爱上。

刘伟在附中做过 6 年的西藏班班主任，与藏族学生结下了深厚情谊。西藏班 2016 届学生洛桑坚才一度由于学习生活中碰到困难，内心异常焦虑，情绪低落。刘伟了解情况后，多次找洛桑坚才谈心，并在他最困难的时候，安排专人送他回家休息。经过不断细致耐心的鼓励和指导，洛桑坚才的情绪逐渐稳定下来，回到学校后全心投入学习中，以优异的成绩考入了浙江警察学院。2019年五一假期，洛桑坚才专程回到母校看望恩师，并以亲身经历鼓励学弟学妹刻苦学习，努力奋斗。

"不拿一把尺子量学生，就是尊重学生个性差异，让蕴含各种潜能的人才都能够脱颖而出。"走进附中"卓越廊"，一个个优秀学生的事迹呈现在人们面前，其中既有像马兆远、苏萌这样的科学界大咖，也有像陈超、王泽华这样从知名高校毕业后献身国防事业的才俊，还有一批批在雪域高原各条战线上奋斗的西藏班毕业学子和远离繁华都市到乡村当大学生村官、在基层教师岗位奉献智慧的建设者。不得不说，所有这些都与他们在附中的育人沃土里能汲取到不同的养分有着密切的关系。

培育学生人文素养

"人文素养对一个人的成才具有核心和基础作用。"这是刘伟入校 20 年来始终秉持的观念，与附中历来重视学生人文素养培育的传统一脉相承。

长期以来，围绕人文素养的培育，附中在课程建设上，除了开足开齐国家课程，还先后开发、开设了包括统选、任选和活动在内的 3 大类 100 多门校本课程，形成了学校的"大课程"平台。

近年来，在刘伟主导下，一大批广受学生欢迎的精品校本课程得到持续优化。其中，由语文节、英语节、科技节、体育节、艺术节、读书节、足球节等文化节组成的人文拓展类课程备受追捧。"好好学习，天天过节"，是许多师生对附中教育常态最生动的描述。"节日文化"已然成为附中校园里一道靓丽景致和师生提高人文素养的宽广平台。

"优秀毕业生"是附中学生奖项中的至高荣誉，颁发给那些品学兼优而且特长突出的"全能型学生"。每个班只评选 2 至 3 名，每个获奖学生都是带着别具一格光环的佼佼者，从"附中好声音""读书明星"到"古筝迷""太极拳师""公益志愿者"，不一而足。因此，隆重的"优秀毕业生"颁奖仪式被同学们称为附中版的"感动中国"。

值得一提的是，如此有分量的"重奖"，从最初的评选到颁奖仪式的流程设计、颁奖词的撰写，再到主持人的选定等，全部由学生完成，这对学生组织领导、团队合作、表达表现、创新实践等核心能力都是很好的锻炼，同时"也把学生的潜能发挥到了极致"，附中党宣办主任周振宇说。

"优秀毕业生"评选作为一种导向性举措，已经和学校诸多精品校本课程共同构成了附中学生人文素养发展的文化基因，被视为构建附中和谐校园生态的基础性工程，对学生综合能力培养发挥了独特作用。

理解和包容是人文素养培育的重要前提。在附中，每个学生都可以随时随地找到挥洒青春的平台，让自己的个性、潜能、才情得以尽情绽放。缘于此，有的学生在高二时就出版了自己的文集；文科生可以"破例"参加理科计算机竞赛……附中每年毕业生不到 600 人，但在全国各级各类活动和比赛中获奖近2000 人次。

哲学家陈嘉映在《无法还原的象》中说："我梦想的国土不是一条跑道，所有人都向一个目标狂奔，差别只在名次有先有后。我梦想的国土是一片原野，容得下跳的、跑的、采花的、在溪边濯足的，容得下什么都不干就躺在草地上晒太阳的。"[1] 在刘伟的理想里，"这，才是真正的学校常态"。

---

[1] 陈嘉映：《无法还原的象》，279 页，北京，华夏出版社，2016。

"数学帝"校长葛军的"màn"教育[①]

每天进步一点点。

——葛军

31千米"步行者活动"中途休息时，学生偷偷与葛军合影。　徐先飞　摄

小档案

葛军，博士，硕士生导师，南京师范大学附属中学校长，南京师范大学兼职教授，兼任《数学教育学报》《数学通报》编委，江苏中学数学教学专业委员会副理事长，中国高中教育专业委员会副理事长，高中数学教材（苏教版）副主编、编写组核心成员。

---

① 潘玉娇：《培育"嚼得菜根，做得大事"的栋梁之材》，载《中国教育报》，2020-04-22。收入本书时有改动。

见到校长葛军是在 2020 年 3 月的一个下午。那时，受疫情影响，南京师范大学附属中学（下文简称"南师附中"）尚未开学，可明媚的阳光和温润的空气，让这所百年老校的校园依旧生意盎然。学生未到校，葛军依然忙碌，繁杂的行政事务，将他的时间割裂成了一堆碎片，但他早已习以为常。

因疫情而推迟开学，让奋力备战高考的高三学生倍感紧张，葛军也免不了焦虑。不过一切还好，南师附中优秀的教师团队和学生群体，让他有信心处理好这突如其来的危机。来这所学校任职 8 年，葛军续写着前任校长们创下的辉煌，也应对着新时代新环境给学校方方面面带来的挑战，包括这次疫情。对于这一切，他一如既往地自信、坚定而满怀憧憬。

是"数学帝"，也是名校长

与许多高中校长相比，葛军的职业生涯有点儿特别。1985 年，他考入南京师范大学数学科学学院。毕业后，留校做了一名数学教师。20 世纪 90 年代初期葛军开始关注每一年江苏高考的数学试题，并将高校与中学贯通来研究数学教育，做得有声有色。2003 年，他被任命为一所民办中学——南京师范大学附属实验学校校长，后又担任南京师范大学教师教育学院副院长，并于 2004 年、2007 年、2008 年、2010 年四度参与江苏高考数学卷的命题工作。因高考的缘故，葛军不知不觉中成了"网红"，网友叫他"数学帝"，考生则戏称他为"葛大爷"。2012 年，葛军迎来了职业生涯中的转折点，成为南师附中的掌门人。

放弃高校单纯的学术之路，转而成为江苏省一所知名高中的校长，这种在旁人眼里稍显突兀的职业选择，在葛军看来却是水到渠成。20 世纪 80 年代，葛军曾就读于江苏省如东县栟茶中学（后来更名为江苏省栟茶高级中学），这是一所偏远的农村学校。那时，校内不乏成绩优异但因特殊历史原因而无法继续学业的优秀高中毕业生乃至大学生出身的优秀教师。他们的一举一动，潜移默化中给予葛军深刻的影响——做一名优秀的中学教师，带领一批孩子考上大

学改变命运。

葛军挑起了南师附中这个并不轻松的担子，曾经在民办中学担任校长的经历，让他能够从容不迫地面对学校遇到的种种困难与挑战。值得一提的是，有许多校长在做了"一把手"后，难免会疏离教学业务，可对中学数学的情有独钟，让葛军成为特立独行的那一个。他既是高中数学教材（苏教版）编写组的核心成员、新课标高中教材（苏教版）副主编，也是数学教育领域核心期刊《数学教育学报》《数学通报》的编委。时至今日，他依然深入教学一线，担任学校奥数培训教练，所教学生成绩斐然。8年之后，人们发现，原先在象牙塔中搞研究的高校学者，早已在高中校长的岗位上游刃有余；而那位对数学教学有着浓厚热情的"数学帝"，依然在他所钟情的领域辛苦耕耘着。

嚼得菜根，也做得大事

有人说"一个好校长，就是一所好学校"。葛军对这样的说法有所保留："一所学校究竟可以发展到什么程度，除了校长的作为外，更多依赖于学校的教师团队和所处的外部环境。"葛军告诉记者，南师附中本身就拥有悠久的校园文化与优秀的师生团队，校长所要做的，就是让学校在原有的轨道上更好地运转，为国家与社会培养出更多人才。

何谓"人才"？南师附中给出的答案是"嚼得菜根，做得大事"。这句由近代教育家、两江师范学堂校长李瑞清所提的校训，百余年来为人津津乐道。葛军对此也有着自己的诠释——"嚼得菜根，不仅仅指能吃苦，还意味着拥有刨根问底的探索精神和谦逊低调的品质；做得大事，则意味着具有领导力、创造力，胸怀天下，脚踏实地。"

南师附中的孩子是从来不缺乏吃苦的机会的，比如"步行者行动"。这是学校已经坚持了19年的一项特色活动，也是该校意志训练课程活动之一——高一的学生，需要绕着南京城徒步行走31千米。南师附中的孩子也从来不缺乏培养领导力与创造力的舞台，每学期80多门选修课、60多个学生社团，还有专门的国际性学科竞赛、科技创新大赛、领袖人才培养大赛等赛事培训。多样化的课程，为每一个学生的发展提供了契机。

2019 年 7 月，刚刚入学的 700 多名高一新生，每人收到了一个特别的"科学盒子"，里面装有实验手册、手电筒、量角器、汽车模型、纸板、砂纸、微型显微镜等各种稀奇古怪的东西，每个人不尽相同。学生需要按照实验手册的指示，完成一项难度不小的实验并撰写调查报告。700 多个科学盒子，花费了学校数十万元的费用，葛军却很爽快，因为这是培养孩子钻研与探索精神的有益活动，以后每年都会开展。

在南师附中待得时间久了，葛军愈发注重对学生德行与品格的培养。2019 年 5 月，在中招咨询会上，面对众多前来咨询的初三学生与家长，他提出了南师附中招生"十慎"，包括：不做家务者，慎；家长唆使孩子不遵守校规者，慎；家长协同孩子不诚信者，慎；不喜阅读者、不做笔记者，慎；等等。其育人观点由此可见一斑。他希望每一个南师附中的学子，都能够懂得尊重别人，理解别人，学会换位思考，所谓"先学做人再做学问"，只有懂得尊重他人的人，才会学会关爱与感恩，才会具有责任感，才能真正"做得大事"。

得"慢""漫"，也得"蔓""曼"

南师附中的教师曾开玩笑地说，听葛校长布置工作，必须全神贯注让脑子保持高速运转，否则会跟不上他的节奏。然而，习惯于快速、高效的校长葛军，却深知教育需要"慢"的道理：尊重学生天性需要"慢"，启发学生思维需要"慢"，让学生真正成为"嚼得菜根，做得大事"的栋梁之材，更需要"慢"。

在教学上，当了许多年数学教师的葛军喜欢给学生"搭梯子"，这也渐渐成为他对学校教师的要求，即"question serious"（问题序列）。在他看来，学生需要引导，需要教师以一个个循序渐进的问题为台阶，帮助学生一步步登上探索的高峰。而每个学生的学情不同，这就需要教师针对每一个个体搭建不同进度的梯子，有的需要快一些，有的则慢一些。"这是一个很理想的状态，现实中教师不可能做到尽善尽美，但我会期望他们不断朝这个方向努力。"

这些年，在葛军的带领下，南师附中向全体学生提倡"全科阅读"，并为之付出了大量努力。"全科阅读"就是对每个学科进行拓展性阅读。葛军认为，这样可以提升学生研究问题的高度、深度与广度，促进各学科的融会贯通以及学生综合思维能力的提升。"比如一朵桃花，你可以从文学的角度去研究古诗词，可以从生物的角度去研究它的生长特性，还可以从历史、地理的角度去研究它，这样你的思维就可以彻底打开，这就是'漫'。"

为了让全科阅读实施起来"底气十足"，自 2018 年起，南师附中图书馆每年购买图书的经费，由 40 万元提升至 60 万元。图书馆管理员还在实验室一楼与教学楼之间设立流动书柜，每个班级设立图书角。所有图书由图书馆统一配备、管理、定时更新。全科阅读课程也被列为三项校本必修课程之首，学生必须完成一定的阅读任务并取得相应等级。

如果说"慢"和"漫"属于教育的方式与途径的话，那"蔓"与"曼"，则是葛军希望学生在高中乃至今后的学习环境中，所展现出的生长状态。"'蔓'的意思是充满希望的、有高度的生长，坚韧不屈、枝繁叶茂；而'曼'则意味着因为学习而充实，体味到生活的曼妙。"对于葛军来说，这是他从事教育多年的最大梦想，即促进学生的终身发展。

扬师生之长，领全面发展：
高琛与东北育才学校[1]

教育，为每个孩子准备好未来。

——高琛

校长高琛（右三）经常与学生交流，了解他们的学习生活情况。 高望 摄

小档案

高琛，教育学原理博士，辽宁省沈阳市东北育才学校党委书记、校长。第十三届全国人民代表大会代表、全国劳动模范、国务院特殊津贴获得者，中国创新人才教育研究会副会长、中国人才研究会超常人才专业委员会副会长，教育部、中国科协中学生科技创新后备人才培养计划专家咨询委员会委员，全国优秀中学校长高级研修班学员，教育部普通高等学校本科教学评估专家。

---

[1] 刘玉：《扬师生之长 领全面发展》，载《中国教育报》，2020-05-06。收入本书时有改动。

一身洁净清新的套装，始终挂在嘴边的微笑，整个人充溢着一股"腹有诗书气自华"的干练气质。这是辽宁省沈阳市东北育才学校（下文简称"东北育才"）校长高琛给人们的普遍印象。从小热爱文学的她，在 1987 年从师范学院毕业后，来到沈阳市第八十三中学（下文简称"八十三中学"）当班主任，做语文教师。从 20 世纪 80 年代末开始，干劲十足的她就将"以人为本"的育人思想注入教育教学实践中，对学生开展"扬长教育"，在扬长的基础上实现学生全面发展。1995 年，她率先开展"协同教学实验研究"，带动多学科教师参与课题研究，逐步构建起"3+1+X+Y"的教学模式，成为全省推广的教改经验。1998 年，高琛从优秀教师成长为校长。根据八十三中学实际，她提出"一切为学生发展，以阳光教育理念育人，为师生营造良好的绿色生态管理环境"的办学理念，极大地激发出师生的潜能，学校于 2003 年晋升为辽宁省示范性高中。在从教的 30 余年里，无论做一线教师，还是教育管理者，高琛始终关注学生的生命成长，为他们准备好未来。

呵护和发展学生的个性潜能

2019 年，在东北育才建校 70 周年的宣传片里，一名身着红裙翩翩起舞的女生给人留下了深刻印象。她叫耿艺轩，当时是高中部科技创新实验班高三的学生。她不仅跳舞专业，还门门功课优异，在物理、数学、化学、英语、语文各类竞赛中频频获奖，并参与中国科协与教育部联办的"英才计划"。在东北育才，学生全面发展不是一句空话，这样的"牛人"很多。他们有的在英特尔国际科学与工程大奖赛中获奖，赢得以自己名字命名小行星的殊荣；有的代表辽宁省参加欧洲青少年科学家竞赛，在 FRC（国际青少年机器人挑战赛）上获得 5 项"第一名"；有的是全国创新英语大赛总决赛的个人冠军，在全国中小学英语大赛团体挑战赛中获得集体奖项。另外，学校的少年民族管弦乐团在全国中小学生艺术展演中获得全国一等奖；赛艇队在历届"世界名校龙舟邀请赛"中蝉联多个项目冠亚军；足球队组建 5 年来已 3 次夺得沈阳市校园足球联赛冠军……学校不但有以优异的成绩步入国内外知名学府的学生，更有全国最美中学生标兵、首次带着提案走入全国"两会"的学生、艺术体操国家一级运动员、入选国家花样滑冰集训队备战 2022 年北京冬奥会的学生……

不得不说，学生卓越的表现，与高琛教育思想长期渗透分不开。

东北育才与共和国同龄，始终以"为党育人、为国育才"为己任，具有光荣革命传统和深厚文化底蕴。2008 年，高琛担任学校党委书记、校长。从那时起，她将东北育才的培养目标完善为"培养具有本土情怀、国际视野的拔尖创新人才"。所以，在鼓励学生冒尖、创新之前，她带领学校首先做到充分尊重、包容学生的个性，对于突出优秀的人才不但给予支持和鼓励，还要提供宽广的发展空间。

早在 2013 年，东北育才就在超常教育实验部推行学生"一人一课表"制度，还根据学生个性化学习的需要配备学术导师、学业导师和成长导师，更好地开发学生的智力和潜能。此外，在学习时间、学习进程上，提供更加灵活的多元选择，使他们的学习更符合自身的需要。比如，允许学生免修某科课程、单科或多学科跳级、提前选修某些课程等；对于在数理或外语等某一学科特别优秀的学生，经本人申请学部认定后，可以免修相应课程，自主安排学习时间，学部会根据实际情况安排导师为其提供个性化发展指导；那些因为参与出国交流或志愿活动等耽误课程学习的学生，可参照学校相应制度认定标准，向学校申请课程缓修、缓考、免修、免考……

构筑起学生成长的生命场域

2019 年 11 月，《人民日报》微信公众号头条位置发表的新闻《我不走，就在原地等你！13 岁初中生一小时等待，救了一个家》被众多网友点赞。新闻的主人公是东北育才初中部学生赵一锦，这位好少年将捡到的 3.3 万元救命钱归还失主，不求答谢。

"勇于担当、追求卓越"是东北育才学生的精神气质与行为准则。他们申请停课7天去云南支教，用自己的实际行动带给山区孩子爱与希望；他们组建"郭明义爱心团队"，多年牵手辽宁省阜新市彰武县高级中学开展阳光助学活动；2020年国内新冠肺炎疫情最严重的时候，高二年级学生在网络上组织发起筹款活动，购买医疗物资，支援抗疫一线……

"学生就像一颗种子，其成长离不开阳光、雨露、土壤、空气的滋养。引导、促进学生的生命成长，完善、提升学生的生命意义和价值是教育义不容辞的责任，需要构筑起学生成长的生命场域。"高琛说。

由学生会自主创建的学术社团组织"东北育才学校青年周恩来精神研究会"是学校的骄傲。"敬爱的周总理是我们的校友，在这里他发出了'为中华之崛起而读书'的铮铮誓言。我们要以研究会为平台，通过开展课题研究，以总理精神诠释、丰富东北育才青年的精神内涵。"目前，学校已经形成了以周恩来少年读书旧址纪念馆为阵地，以周恩来中队、周恩来班建设为主体，以学生自主研究社团为龙头的青少年思想道德建设新模式。

辽宁是航空航天大省，沈阳也已建成通用航空产业基地。高琛敏锐地意识到，应该整合这些航空航天资源，为那些对航空航天领域感兴趣的学生搭建成长平台。2013年年底，东北育才与中航工业沈阳飞机设计研究所签订共建全国航空特色学校的合作协议，由研究所提供院士等专家资源以及仿真飞行模拟器、飞机模型等航空教学设备和航空图书资料，与学校合作开展航空航天领域综合性的探究活动。

多年来，高琛带领学校坚持以课程改革推进创新人才培养，将课程改革与评价改革同步并举，以培养学生的思维品质和学习品质为核心指向，以主体化、多途径、体验式、探索型的高选择性课程体系建设为基础，以课程共享共建机制为保障，形成学校核心课程群。同时，不断丰富课程资源，借鉴STEAM学习理念，探索跨学科课程整合的有效途径和策略，为学生提供丰富的学习体验。并且，着力打造智慧课堂，积极推进教育与"互联网+"的深度融合，探索人工智能助力教学改革之路。目前，学校在翻转课堂、微课、慕课等领域均开展了较为成熟的教育实践，平板电脑操作、图形计算器等信息化手段，在课堂教学中也得到广泛使用。

带领学生到世界舞台的中央

汶川地震发生不久，东北育才世界遗产青年保卫者社团的学生利用课余时间，给联合国多个专业委员会专家和国内外的世界遗产保护组织专家写信，呼吁为汶川地震损毁的青城山－都江堰与大熊猫栖息地两处世界遗产地提供技术和资金援助。当年7月，社团收到了联合国国际文物保护与修复研究中心（ICCROM）总干事的回信。

当谈到这里时，高琛神情庄重地说："要为学生准备好未来，就需要教育者努力把每一名学生都带到世界舞台的中央，让他们站得更高、看得更远，从而唤醒他们潜在的学习需要，激发他们的探索兴趣和创新胆量，使其拥有更丰富的人生选择。"

多年前，高琛就开始了引领学校探索以"国际课程校本化、校本课程国际化"为实施策略的教育发展新模式，陆续开设了国际时事热点、飞行模拟驾驶等课程，引入 AP、SDP（Skills Development Programme，技能拓展课程）等国际课程和 CDIO（构思 Conceive、设计 Design、实现 Implement 和运作 Operate 的英文缩写）工程教育模式，还构建起了以项目活动为载体的探究性、活动性课程体系，为学生搭建起了跨年龄、跨学科、跨地域的交流和研讨平台。2017 年、2019 年，学校先后通过验收获得国际文凭组织（the International Baccalaureate Organization，IBO）正式授权，成为辽宁省首家也是唯一一家 IB-PYP（the International Baccalaureate Primary Years Programme，国际文凭组织小学项目）和 IB-DP（the International Baccalaureate Diploma Programme，国际文凭组织大学预科项目）学校。

作为联合国教科文组织俱乐部学校，东北育才积极推进国际理解教育，开展"以国际理解教育为重点，以世界遗产教育为抓手"的教育实践。学校利用生源多元优势，通过组织中外学生画展、画信、征文大赛、摄影大赛、公益广告创意设计大赛等活动，对学生开展传承国家与民族优秀文化、尊重文化多样性、增强环境保护和可持续发展意识等核心价值观教育。由于在世界遗产教育方面的显著成绩，学校成为全球屈指可数的获得"联合国教科文组织世界遗产教育实验学校"牌匾的学校。

为满足百姓"上好学"的期待，一方面，东北育才作为名校主动担责，2006 年正式成立教育集团，继而不断扩大服务半径，就连远在天山脚下的农牧民子女和世界各地的外籍学生也有机会享受东北育才的教育资源。学校还通过慕课先修、专递课堂等方式，让那些不能走进校园的孩子同样获得学习机会。另一方面，东北育才凝练办学品质和学校文化，从校园建设标准、课程标准、队伍标准、管理标准四个方面进行完善和提炼，形成办学标准并向外输出，这不仅成为集团各成员校管理者的工作手册和教职工的行动指南，也成为学校辐射优质教育资源的重要保障。

激情教育的探索者白祥友[①]

真正的教育是非常朴素的，既不是安于现状、故步自封，也不是在概念层面上刻意求新求异，而是如草木萌生，靠的是内涵激发。

——白祥友

校长白祥友参加班级操场班会，为学生加油鼓劲。 李楠 摄

小档案

白祥友，河北省衡水市第十三中学党总支书记、校长，"校长国培计划"——卓越校长领航工程中小学名校长领航班成员。曾获"全国平安校园创建优秀校长""河北省教育工作先进个人""第四批河北省中小学骨干校长"等荣誉。

---

① 周洪松：《寻求草木萌生般的学校内涵激发》，载《中国教育报》，2020-06-03。收入本书时有改动。

夏日流风，莺飞草长。高中三年级学生返校复课，琅琅读书声和嘹亮的口号声重新在河北省衡水市第十三中学（下文简称"十三中"）的校园里响起。阳光下，教学楼墙壁上的校训"奋进——为中华之崛起"分外醒目。校长白祥友步履匆匆地走来，脸上露出自信的笑容。十三中所在的桃城区不大，却有衡水中学、衡水二中坐落于此。但凭着"低进优出"的业绩，白祥友这些年带领学校一步步在逆境中崛起。

点燃热情，重建自信

2012年2月，一纸调令，白祥友从衡水二中来到十三中任校长。"强手林立，在夹缝中生存"，这是他来到十三中时的处境。

生源优劣，在很大程度上影响着一所学校的教育教学水平和学业成绩。十三中虽为市直属学校，却在第三批次招录学生；生源质量本就不高，然而"火上浇油"的还有片区内相当一部分学生流失。在别人眼中，白祥友此时上任，就是接过了一块烫手山芋！

"我不认同千校一面的办学模式和同质化的发展，更不愿卷进生源恶战。我的目标是要十三中的孩子更多地收获成长，让他们在学习、做人、生活方面，不比任何其他学校学生差。3年的飞跃源自每天的超越。只要我们唯真唯实做教育，唯先必争，逆境突围不是梦！"第一次教职工见面会，白祥友的话令人精神为之一振。

"没有成绩，何谈突围？"随之而来的，却是质疑，甚至还有人直言猛怼："学校底子薄、生源差，你怎么折腾都是白搭！"此时，白祥友意识到：需要重建自信的不仅仅是每一名学生，还有所有教师。

"学生成绩不理想，不代表他们没有潜力。我们重新看待自己的学生，激发他们的潜能，帮助他们重建自信。人的潜能一旦被激活，将会出现让人意想不到的奇迹。"白祥友给教师们打气。大家开始静下心来，尝试着去规划自己每一天的工作，尽最大努力上好每一堂课，重新审视每一名学生的成长与进步。

抛弃得过且过的思想，集体教研、总结反思每天的工作、给学生做心理疏导，让每一个人今天都比昨天进步一点，教师们感觉工作越来越充实。感受到教师们的关注关心，体味到自己每一天的进步，学生们越来越自信，学习生活越来越有目标……春寒料峭，十三中人的热情却已被点燃。

当时，距离 2012 年高考仅剩下不到 4 个月时间，"这个新校长带来的'新药方'是否会让这一届高三学生'水土不服'"……外界的忧虑、来自学生家长的压力，都落在了白祥友肩上。而他却是两耳不闻，带领中层干部朝五晚十奋战——进班听课、组织教研、巡查班级纪律、统筹校园文化建设。早晨，他站在冷风里迎接上早读的教师们进门，晚上披一身星辉送查完学生们就寝的班主任离校……累了也好病了也罢，从未离开自己的工作岗位。

勤奋但不使蛮力，白祥友对学校管理制度进行了大刀阔斧的改革，以常规管理、激励机制和人本关怀形成"铁三角"式的教育管理。在白祥友的努力下，十三中以最快的速度形成了一支"战斗团队"。在这年的高考中，十三中以超出所有人预期的成绩，向社会交出了一份满意答卷！一张张喜报传来，许多家长终于相信自己孩子是有潜力的，这个认知比高考成绩更让家长们激动。教师们更是打心底里对这位新校长服气，不少人流下了热泪。

激发活力，打造精品

"一所没有激情的学校是没有希望的，一个没有激情的年轻人是没有未来的。"白祥友说，"要提高教育质量，就必须优化师生心态，培养出大批阳光自信、活力四射的学子。激情能够提升自信、激发灵感，人在激情状态下可以展现出生命最大的张力，最大限度地提高效率。教师一个重要的使命，就是要点燃学生心中的火花，激发他们的热情。"

于是，学校开始探索激情教育。形式多样的励志活动、富有挑战的班级比拼等，让校园成了青春激扬、潜力激发的能量场。

激情跑操活动震撼了无数前来交流的教育同人。有不少人慨叹："为什么我们学习你们，却总不见成效呢？"白祥友回答："激情不是简单的精神亢奋，而是一种源自内心的、升华而成的精神营养。"

在跑操活动中，高效的集合速度、整齐的队列、嘹亮的口号、恢宏的气势，展现的是班级的尊严，跑出的是班级的荣誉，喊出的是班级的团结，彰显的是班级的凝聚力；令行禁止、整齐划一，意味着雷厉风行的处事风格。如果不懂激情教育的目的，而仅求一个跑操的形式，就成了哗众取宠的空架子。

激情跑操，只是十三中探索激情教育的一个侧面。白祥友还着力在校内打造高效课堂，推动教育教学改革：出台集中教研制度、定期举行教学大比武、落实领导进班听评课制度、开展同课异构活动、打造优秀教师观摩课等。教学常规准备，要求教师对每一节课的教材分析、学情分析、教法研讨详尽到位，对课堂上时间划分、针对不同层次学生采取何种有效教法，甚至对作业设计、课后反馈，以及课后反思都有细致安排。就这样，十三中形成了一套科学完整的精品课流程，并落实到每一节课中。

用精品课堂撬动学习效率提升，用严格监督维系精品课堂生命力，再加上雷打不动的学科组集体教研活动，教师之间资源共享，形成"人人是名师、课课是精品"的大格局。由此，多名教师参加国家、省市级教学评比都取得了优异成绩，甚至有人还被聘请为专家评委。而最直接的受益者是学生，仅2019年就有200多人次在省级、国家级各类比赛中获奖。

专注未来，以爱铸魂

"尊重与发展学生的人性和个性，会使师生生活在一种相互理解、尊重、关怀、帮助、谅解、信任的和谐氛围之中，从而真正体验到做人的幸福感与自豪感，减少内耗，提高工作和学习效率。"白祥友说。正因如此，在十三中，学生们感受到的是母校的温暖关怀、师生间的深情厚谊。

高中教育的成功，不仅仅在于让学生获得好的学习成绩，更在于让他们拥有受益一生的能力、习惯与人生追求。白祥友把树立信念放在了教育首位，通过开展"传承红色基因，厚植家国情怀"系列活动，通过重读红色经典、举办研学活动、利用乡土文化资源加强革命文化和优秀传统文化教育，实施"铸魂工程"。

同时，学校通过实施"强体工程""激潜工程""师德工程""暖心工程"等八大育人工程，关爱学生健康，督促孩子们饮食均衡、科学锻炼，组织定期家访，加强家校沟通，评选"学生心中最美的老师"，集体过传统节日……

凡是来到十三中的人都有一个共同的感受：校园不但精致，而且每一面墙壁都会说话。教学楼楼道被装点成文化长廊，透出一股浓浓的书香意趣。校园中一步一景，无一处不被精心设计。墙壁、廊道、假山、塑像都有背后的文化故事，给师生以灵魂的指引……

"孩子们，我爱你们！"每年的成人礼，白祥友都会发自内心地向学生们喊出这句话，而每一次都会激起广大学子的热烈回应。白祥友爱这座校园，爱每一名学生，校园不仅是学生学海扬帆、驶向未来的海港，更是孩子们幸福成长的温暖家园。

他曾在给学生们的一封信中这样写道："每天清晨，我喜欢循着大家的步伐奔跑，沉浸于大家有节奏的口号；每天早读时走在教室里，倾听着大家琅琅的读书声，凝视着大家专注的眼神、认真的表情，每一次都让我感到青春的沸腾。"在白祥友眼中，从来没有不优秀的孩子。因为，他认为孩子们优秀的品质都是可以塑造的，都可以形成内在的原动力。高中3年时光宝贵，提高成绩固然重要，但是真正爱孩子的教育者，会专注于他们的未来，打造"有温度的高中教育"。

如今，十三中已经成为衡水高中教育的一面崭新旗帜。学校先后荣获"全国平安校园示范校""全国生命教育先进单位"等荣誉称号，成了众多高水平大学的优质生源基地。

让每位师生都觉得有奔头的
校长周君力①

　　如果每名师生都有发展，都刻苦，都上进，
学校还有什么理由发展不好？

——周君力

校长周君力在进行家访。陈毅敏 供图

小档案

　　周君力，福建省厦门第一中学校长，厦门市人大教科文卫专委会副主任委员
（兼），享受国务院政府特殊津贴，福建省人大代表。曾获福建省杰出人民教师、
先进工作者（劳动模范）、五一劳动奖章、"最美劳动者"等荣誉，是福建省名校
长（首批）、优秀校长和厦门市特级校长（首批）。

---

① 熊杰：《人人发展学校才发展》，载《中国教育报》，2020-06-24。收入本书时有改动。

从福建省厦门第六中学（下文简称"厦门六中"）到第一中学（下文简称"厦门一中"），周君力当了20多年校长。他说："当校长其实只做了两件事，一是育人，为学生的发展奠基；二是立业，营造一种文化，建好一套制度，带好一支队伍，让教师发展好，让学校发展好。当人人都觉得有奔头，学校怎么会发展不好？"

创造创新为发展而教育

"学校里每一个级别的职务我都干过。"周君力说。1980年大学毕业后，他成为一名语文教师，接着先后担任班主任、年段长、政教处副主任、校长助理、副校长等不同职务，于2000年1月成为厦门六中校长。

1998年，厦门六中刚成为省一级达标学校。此时，学校办学基础还较薄弱，没有好的生源，发展动力不足。周君力选择培养学生创新精神作为实施素质教育的突破口，开展了"创造教育整体改革"实验，使学校走上了发展快车道，成为厦门的一所名校。

刚刚进入新千年时，厦门六中的高中和初中还在同一个校区办学。了解到市民对优质高中资源的需求强烈，经充分准备，周君力提出将六中与厦门东渡中学合并，成为厦门第一个提出实行初高中分设办学思路的校长，并于2003年使之得以实施。2004年，学校以较高分数通过市级验收，成为厦门第一所市级示范高中。

高中初中分离办学后，周君力提出打造"明天的学校"的目标。短短几年，厦门六中征地扩建高中部校园校舍，完善教学楼、图书馆、学生活动中心、400米标准塑胶运动场等硬件设施，学生总数由1000多人增加到4000多人。而在"人的发展上"，学校特级教师从无到有，一共有6名。从2000年起，厦门六中高考成绩年年刷新历史纪录。

2006年8月，周君力开始担任百年老校厦门一中的校长。此时，该校无论是学科竞赛、管理团队素质，还是高质量人才的培养、学校的综合实力等，都已处在省内一流水平。于是，他从办学理念上进行再创新，确立了"人文·创新"的办学思路和"为发展而教育"的理念，坚持"一切为了每一名学生的发展"，并通过学生发展带动"教师发展"，再通过"教师发展"推动"学校发展"。

综合手段培养创新意识

"学生的创新意识和动力，不是啃书本啃出来的，而是用综合手段'熏'出来的。"周君力说。"多"和"综合"是厦门一中在育人过程中经常被强调的，主要表现在丰富多彩的校本课程与综合实践能力培养等方面。

高中生学理财知识、学美食制作、学科学养生等，这些都是厦门一中看似"奇葩"的校本课程。但周君力认为，要真正做到因材施教，就必须有多样化的人才培养目标，因为人的发展需求是多样的，学生个体存在差异，学校必须给出多样的学习内容。为此，学校开发出了十类180多门"人文·创新"特色校本课程，包括语言与文学、数学、人文与社会、科学、技术、艺术、体育与健康、综合实践活动、厦门环境与人文、厦门科技与产业等多个方面。此外，还外聘教师上推理课，开展模拟联合国活动，开设美式辩论赛、夕言诗社、太空城市设计社、高尔夫球社、网球社等社团课程。学校要求学生在高中3年至少修满3门校本课程。家长们对此非常认可。

学校把实践作为培养学生创新能力的重要手段。厦门一中现有四个综合实践教育基地，即生物与环境科学教育基地、科技发明示范基地、航模基地、机器人工作室。

生物与环境科学教育基地面积900多平方米，有PCR仪（Polymerase Chain Reaction Analyzer，聚合酶链式反应分析仪）、蛋白质分析仪等科研设备。迄今为止，该基地项目获省级以上奖励已达408项，其中全国一等奖16项。

在科技发明示范基地完成的学生发明迄今已获24枚国际发明展览会奖牌、68枚国家级奖牌。它以科技创新金牌教练黄建通老师领衔，面向所有学生，不设门槛要求。学生在这里收获创造的快乐，学校每年举行"发明和制作"竞赛，学生的创新和实践能力在比赛中得到充分展示。2019年9月，致力创客教育的厦门一中五大创新实验室（开源硬件、3D打印、人工智能、机器人、无人机）建成并投入使用，由优秀的科创团队和高校教师领衔指导。

航模基地开设有航海模型、航空模型、车辆模型、建筑模型等项目，学生在这里开展设计、规划、组装、试航、试飞等活动，培养了独立思考和动手能力。基地创建仅7年，已取得国际比赛2金2银1铜、国家级比赛142个一等奖的优秀成绩，总共有国家级奖励312项、省级奖励256项、市级奖励494项，多名学生获得模型类一级或二级运动员的称号。

多元环境启蒙学生成长

"学校并不只是知识的仓库，更是启蒙的灯塔。我们不单要关注学生的现在，更要关注学生的未来。"周君力说。

学校致力打造全方位立体德育模式，出台全员德育管理办法，提出所有教职员工都有对学生进行德育的责任。同时，把对学生进行责任教育、感恩教育、体验教育作为德育的具体内容，强调让家长也参与到德育工作中来，寒暑假会请家长带领自家的孩子或别人家的孩子去参加职业体验等社会实践活动。

丰富多彩的学生社团已成为学校立体德育的平台。学校有近百个学生社团，社团让学生在团队合作中学会处理冲突，学会多元包容、尊重关怀，促进学生正义、责任等公民素养的养成。2017年11月，学校的"太空城市设计"社团参加"国际太空城市设计大赛中国区决赛"获得冠军。厦门一中"模拟联合国协会"已成立8年。2018年寒假期间，学校派出3名高一学生参加在美国纽约举行的"国际模拟联合国大会"，学生孙宁宁被授予级别最高的"最佳外交奖"荣誉。2018年2月，第44届哈佛大学演讲与辩论邀请赛在美国举行，赛事吸引全球2500名选手参加。来自厦门一中"美辩社"的徐闻和林泓芃，战胜众多母语为英语的辩手，夺得了国际组16强。

学校还充分利用高校资源进行德育工作。2018年9月起,学校与名牌大学合作,开展了"思想点亮未来"公益讲座活动,邀请知名高校院士、教授、专家、学者讲学,主题涉及科技、创新、励志、人生规划等。目前,已开讲88场,学生和家长受众已有5000余人次。

2020年抗疫初期,厦门一中"薪火相传·爱心接力"社的学生,为疫区医院送去大批紧缺的防疫物资,"学习强国"平台专门就此事进行了报道。

多元化的环境,让学生的眼界不再局限于书桌前的方寸之地,而是能够抬起头来,以更加宽容而平和的心态,对待世界,对待人生。

教师发展决定学校发展

"几乎每年,都有我们的干部被任命为其他学校的校级领导。最近10年来,加起来有十几人。"周君力说。现在,厦门一中已成为厦门校长的摇篮。

除了培养干部,厦门一中也培养了诸如福建省杰出人民教师、特级教师和教学名师等一批好教师,其中一人还被确定为福建省名师工作室领衔人。

对于青年教师的培养,厦门一中努力做到精雕细刻。学校教研室主任钟斌介绍,即将入职的教师还没毕业时,学校就给他们制订培训计划;他们与学校一签订就业协议,就开始接受培训。学校会给他们指定"师傅",让他们在毕业实习季就来一中听课、试讲,并学会基本的教学技能,同时还会派出专人指导他们撰写毕业论文。记者采访时,暑假还没有到,但厦门一中教研室已经为本年度新入职的教师制订好了培训计划,内容包括教学基本功训练、班主任工作常规、教师工作职业认同、师德行为规范须知、新任教师专业成长的重要途径等,甚至对校园安全常识、教师着装也进行了细致的要求。他们每个人都既有教学的师傅,也有当班主任的师傅。这些具体而细致的训练,让很多青年教师在工作几年后就能脱颖而出,成为同行中的佼佼者。

厦门一中数学教师李寅童,获得了2020年全省教师技能大赛高中组数学第一名。他的背后有一个"教练团队",其中包括数学教研组原组长肖文辉,以及周翔、曾灿波、徐小平等前几届的获奖选手。"正是他们一次又一次手把手地教我,一个细节又一个细节反复地练习,我才能获奖。"李寅童说。教师在业务上互帮互学,大家一起进步,共同成长,在厦门一中已经成为一种习惯与一种文化。

现在,厦门一中每年都定期组织多场次的班主任明德读书会和"厦一智会"读书沙龙活动。学校还引导教师参与教育科研,争做专家型教师。目前,学校教师主持和参与的国家级课题及子课题有近10项。周君力本人作为专家,也受福建省教育厅、省教育学院、市教育局委托,多次参与骨干校长的培训。2019年年末,厦门实行校长职级制,周君力成为首批6名特级校长之一。"从当校长,到成为校长的老师,只是希望能培养出更多的好校长,办出更多的好学校。"他说。

生命发展教育的倡导者万玉霞①

生命是一个旅程，不是一场比赛。走进学生心灵的教育，才是真正温暖学生生命的发展教育。

——万玉霞

一年级新生从离队入团的大哥哥大姐姐手中接过鲜艳的红领巾，在万玉霞（左）温暖的拥抱中感受到红色传承的力量。 何代文 摄

小档案

万玉霞，湖北省武汉市常青树教育集团总校长，湖北省特级教师，全国劳动模范，中国"课改杰出校长"，全国中小学传统文化教育实践研究优秀校长，全国教育改革创新优秀校长，感动中国人物十大杰出校长，全国教育科研先进个人。

① 程墨、毛军刚：《万玉霞：在教育中升华生命》，载《中国教育报》，2018-06-27。收入本书时有改动。

回眸 21 世纪初，湖北武汉张公堤畔，杂草丛生，满目荒凉。这儿有所学校，几幢校舍，107 名学生。时光荏苒，18 年办学，18 年创业，草创时期无人问津的常青实验小学，早已发生"蝶变"，成为一所颇具影响力的兼具中国书院风格与国际范式的集团学校。校长万玉霞和她的"生命发展教育"使学校焕发了生机。

构筑生命教育文化链

古朴的庭院式建筑设计，花园式的校园格局，每一堵文化墙都在"说话"，每一处校园"认养"设施都能育人。在这所学校，教育的品质和气质蕴含在每一项独特设计中。

办学伊始，万玉霞就以超前意识确立了学校的发展之魂——构建以生命为本的生命发展教育，围绕每个学生的自主发展、全面发展、可持续发展，把人的灵魂构建和人格力量的塑造放在学校发展首位。

"7 年前刚入校时，老听到孩子们'万妈妈''万妈妈'地叫。说实话，是万校长用无尽的爱心和责任心，让自己无愧于'妈妈'这个伟大称呼！"一名家长在感谢信中如此写到。

一次期末考试的早上，学生王小斌因起床晚来不及洗漱，抓起书包拼命赶到学校，在楼道口和万玉霞撞了个满怀。"孩子，慢点！"对于万校长温暖的关怀，王小斌来不及做任何解释，慌忙往教室跑……"早上吃早餐没有？是哪个班的？"背后传来的依然是关切的声音。王小斌拼命摇了几下头说了声"没吃，七（9）班的"，说完，就扎进了考场。几分钟后，万玉霞追了进来："孩子，赶紧趁热吃了。"边说边拿出一个食品袋，里面有两个热乎乎的肉包，还有一只一次性环保手套。

在学校，对生命的关怀体现在每一个细节里：每间教室门口都放有一排木制的矮柜，柜子里一格一格摆满了备用的鞋子；学校的每一处洗手池边，都摆放着一瓶稀释过的洗手液，以免高浓度物质损伤稚嫩的皮肤；为保护学生安全，每一套桌椅的尖锐棱角都被泡沫塑料包扎得严严实实……

随着对教育领域的进一步深耕，万玉霞把办学理念不断植入学校环境文化、有效德育、高效课堂、生命文化、卓越管理之中，形成了生命教育的文化链。

"生命是一个旅程，不是一场比赛。"万玉霞说，"走进学生心灵的教育，才是真正温暖学生生命的发展教育。"

点燃学生的思维火把

"头脑不是一个要被填满的容器，而是一个需要被点燃的火把。教，正是为了将来用不着教。"万玉霞经过长期的摸索，依据学生不同年级段身心发展特点，在小学部推行"主动教育"，在中学部推行"自能发展教育"，让学生自己来点燃头脑中的思维火把。

万玉霞深知，"让孩子在生命自然、自主需求的状态下去实现人品、人性的主动'优化'发展，这是教育的需要，也是生命的需要。学校要努力为每个学生创造最适合其学习、发展的环境和条件，使教育更适合每个学生的认知和情感发展需求，更适合每个学生的潜能、才智、个性"。为此，她着力瞄准身心健康、中国人格、智慧生活、楚汉气度、国际视野五项课程目标，将各课程进行解构和重组，建构了与生命发展相关的"人与自我""人与社会""人与世界""人与自然"4类核心素养课程。

徜徉在校园中，生命科学馆、树人谷、梦想剧场、生活体验街等现代化教学设施应有尽有，必修、选修、能力提升三大类近200门课程更是让人大开眼界。

3D打印、无人机、激光切割、VR航天、车模、三维立体绘画……学校利用占地3000平方米的"常青树创客梦工厂"，培养具有"设计思维＋批判思维＋创客精神"的学生；梁子湖的小天鹅、神农架的红腹锦鸡、沉湖的白鹳、雄立树顶的金钱豹、美洲蓝闪蝶……丰富的标本，创造出生命科学教育的独特

天地。置身生命科学馆，每个孩子自然而然地对神奇的大自然产生热爱，进而
萌生出对生命的遐想和探究奥秘的欲望。

主题鲜明、曲折有致的"生活体验街"里，"小邮局""小超市""低碳生
活馆""小小安全岗""巧手小厨房""爱心小医院""立体创意坊"7个空间涉
及培养学生民生服务、生活技能、艺术修养、卫生健康、科学环保、创新设
计等方面的素质与能力，旨在为学生创设能够利用所学知识解决真实问题的机
会，教会学生低碳生活、安全生活、健康生活、美好生活。

在"常青创学院"，孩子们申报了3000多个实践课题，开展各项"科学之
旅"的课题研究……近3年来，多名学生在世界奥林匹克数学竞赛全球总决赛、
全国数学联赛、全国机器人大赛中获奖。

激发教师的向往与追求

每天早晨，教职员工都会收到一份新鲜的水果、一杯酸奶；每个员工生日
的那天，都会有一份独特礼物；学校与房地产集团协商，让教师们能够优惠购
房；对有着不同志向与兴趣的教师，学校提供不同的培养路径……

18年来，围绕着教师队伍的建设，万玉霞打破传统管理模式，加强集团
学校的扁平化管理探索，组建了全国、省、市三级名师工作室的"鹰雁队伍"，
成立"教师专业化发展工作坊"，并划分为"个人学习—年级组学习—大教研
组学习—工作室学习—学校组织学习"阶梯式发展，制订"一年一成长、两年
回头看、三年上新阶"的学习规划。教师的成长和专业化发展平台得到不断拓
宽，产生了一大批全国创新型名师、省市级学科带头人。教师职业幸福、学生
成长和学校的发展，实现了有机结合。

带着责任，她把"中国教育的微笑"送到大洋彼岸；带领教师们积极探索
课改，赴湖北来凤、神农架、松滋及海南、云南等地送教支教……

在教师队伍活力充分被激发的基础上，万玉霞还持之以恒地开展了"年修
10万家书"的师德师能提升活动，班主任定期以"家书"的形式向家长汇报

生命发展教育的倡导者万玉霞

学校工作、班级活动、孩子的进步，解答家长的家教困惑，提出科学有效的家庭教育建议，让教师、家长与孩子同进步。

万皎老师当了 6 年班主任，"每年写的家书超过 10 万字"。从一年级到六年级，家长李作峰每周都会收到一封班主任万老师的家书，看信回信成了他的必修课。

李作峰觉得，教师每天的教学任务本身就很重，他实在难以想象他们如何有时间写家书，而且下笔千言。他认为只有一个答案：教师心里装着每个学生。

"一切以孩子健康成长需求为第一要务，这是教育者的使命。"万玉霞常常这样说。

从基础教育的"门外汉"到名校长：余卫的办学实践探索①

> 教育需要爱心，管理重在责任。
>
> ——余卫

在学校茶艺教室里，余卫跟孩子们谈心。 李维 摄

小档案

　　余卫，南昌大学附属中小学校长，中小学正高级教师，南昌大学硕士生导师，江西省优秀中小学校长，第十一届国家特约教育督导员，中国教育学会小学教育专业委员会副秘书长，"校长国培计划"——卓越校长领航工程中小学名校长领航班成员和马云公益基金会校长委员会委员。

---

① 甘甜、徐光明：《立足特色涵育育人新生态》，载《中国教育报》，2020-05-13。收入本书时有改动。

工作的前 10 年，一直在高校任职，随后到江西人口最多的县做了 3 年挂职副县长，为此，在任职南昌大学附属中小学校长前，余卫一度自嘲是基础教育领域的"门外汉"。2002 年，南昌大学把他从校统战部调往南昌大学附属中小学任校长和书记时，还带有"救火"（帮助学校摆脱困境）的意味。18 年过去了，伴随着学校的发展，余卫不仅入选了教育部中小学名校长领航工程，还兼任起第十一届国家特约教育督导员、马云公益基金会校长委员会委员等社会职务，走出校门，在更广阔的领域服务于基础教育发展。

风清气正
树立学校新风尚

2002 年 5 月，组织准备安排余卫到南昌大学附属中小学工作。余卫只说了句"服从组织安排"，便来任职了。

在第一次全体教职工大会上，副校长们在台上布置工作，教师们三五成群地在下面窃窃私语、吵吵闹闹，余卫几次起身提醒大家安静开会，但每次所起效果不到一两分钟。

"几次三番下来，我实在没能忍住，就把话筒一甩，呵斥了两句。"顿时会场彻底安静下来了。在会议结束时的讲话中，余卫对自己在大会上发脾气做了自我批评，然后语重心长地对同事们说："一个单位连一个会都开不好，这个单位搞得好吗？暑假到了，请大家好好想想这个问题。"说来也怪，从此学校的会风彻底改变了。随后，余卫花了半个月来调研。

"你认为我们学校的办学水平目前在南昌市处于什么位置？学校发展劣势是什么、优势在哪里？""结合分管工作实际，谈谈如何建设省级重点中学和省级示范性小学"……余卫提出了 10 个和学校发展相关的思考题。半个月后，他组织所有的班子成员开了 3 天闭门会议，每人轮流讲足 2 小时，最后留了半天给自己。这是学校历史上召开的第一次发展务虚会。最终，大家对学校发展目标达成一致意见：创建全省一流小学和全省重点中学。

班子达成共识后，余卫带领管理团队趁热打铁，先后组织召开了多个教师代表座谈会和一届二次"双代会"，客观分析了学校发展面临的机遇与挑战，旗帜鲜明地提出了创建全省一流小学和全省重点中学的奋斗目标，并制订了学校未来十年发展规划。

起初，教师们的眼神中还有些疑虑。当余卫一一细说了行动路线和工作举措，并在大会上通过了中学和小学的校园规划方案后，教师们拿着会上发的各类"蓝图"，眼睛亮了起来。

"为共同目标而奋斗"，让全体教职员工实现了空前的团结，大家的心思转移到了思考学校未来发展的问题上来。

思想问题解决以后，余卫又刀刃向内，着手推进规范管理和民主治校。余卫常说："教育需要爱心，管理重在责任。"围绕"事情有人干、责任有人担"，学校出台了一系列管理制度，其中"民主评议校领导实施办法"，规定每年一次对校领导进行测评。而余卫也按照"公生明，廉生威"的管理理念，从自身开始，自我约束，严格要求。

领导班子带头廉洁奉公、勤奋务实，带动了全校教师，校园里逐渐形成了风清气正的育人生态，学校教风和校风在当地有口皆碑。

提升能力
"办一所成功一所"

从一开始单一的学校发展到如今的集团化办学，南昌大学附属中小学从两个校区发展到了七个校区，在校学生从 2700 人发展到 13000 多人。随着学校办学层次和发展水平的提升，干部和教师能力不足的问题日益凸显，能力建设顺理成章地摆上了议事日程。

因为毕业于工科大学，余卫自嘲是"先天缺钙"的"草莽校长"，于是便加倍努力学习。向书本学，向领导、同事乃至学生学，成了余卫的生活常态。

"个人的力量是有限的，只有团队的力量才是无穷的。"余卫重视学习型团队建设，通过教师阅读分享、专题研讨、专家主题授课等活动，提高教师课程建设理论水平。同时，精心组织团队先后到北京、上海、广州以及江浙地区、西南地区、东北地区调研学习，吸取各地优质学校的课程建设先进理念和做法经验。

2017 年，几位入职才两三年的美术教师，向学校提出开设"陶艺工作坊"的设想。这门课以前没有任何基础，加之空间要求高、资金投入大，一开始很多人并不赞同。问题反映到余卫那里以后，他从课程目标的确立、课程内容的设计到课程的实施以及评价等方面，和这几位青年教师交流了一番并给予他们信任与鼓励。随后，他与学校其他班子成员沟通，动员大家一起支持"陶艺工作坊"的建立。短短两年时间，这几位平均年龄才 27 岁的年轻教师，硬是面向三年级全体学生开设起了一门特色校本课程"点点陶泥"。2018 年，该课程还成功申报了江西省"十三五"教育规划课题。2019 年，这几位教师又与景德镇陶瓷学院教授共同编写了江西地方教材《陶瓷文化与手工创意》。

像这样由青年教师主持的"工作坊"，学校现在发展出十多个，余卫的态度是"让年轻人放手去干"。"工作坊"的创建，让青年教师不再将眼光局限在知识的传授上，更注重对学生能力和素质的培养。青年教师有了这个知行合一的大舞台，快速成长了起来。

随着办学规模不断扩大和学校分校增多，总校源源不断地为分校输送优秀干部和优秀教师，保证了各个分校快速传承总校办学理念和管理经验，从而实现了"办一所成功一所"的发展目标。

着力特色
打好学生底色

在人的一生发展中，基础教育到底起什么作用？余卫一直倡导朴素的基础教育，这些年的办学实践也围绕一个核心理念："关注学生的基础素养，切实打好人生的底色。"

既然是打基础，那口径就要宽。学校将重点放在培育学生的基础素养方面，如生命素养、品德素养、学习素养、劳动素养、科技素养、美育素养等。十几年的办学实践中，学校探索出素质教育"四大工程"，即生命教育工程、科学教育工程、文明教育工程、艺术修养工程，以此为学生人生奠基。

"具体说就是，深入挖掘江西红色文化、绿色文化和古色文化的优秀元素及其价值内涵，以系列校本课程的开发与实施为基本路径，将优秀乡土文化融入学校教育，培养学生基础素养，发展学生综合能力。"余卫说，"学校以地方课程'红色文化'为依托，整合小学国家课程中的红色教育资源。如小学一至二年级分'红星闪闪''红旗飘飘''重要纪念日''共产儿童团'四个单元，通过对红军、党旗、军旗、国旗、队旗、党的生日、建军节、国庆节、抗战胜利日、儿童团等红色文化元素的认知，培养学生积极向上、诚实勇敢、有责任担当等优秀品质。"

学校还注重多学科整合和项目式学习。为了培育学生的劳动素养，学校开发了田园类、艺术类、科技类等劳动教育校本课程体系。例如，针对面向五年级全体学生开设的田园类劳动教育校本课程"开心菜园"，学校安排每周 2 课时的学习时间，配备包括授课教师、实践教师和菜农师傅在内的师资团队，还在校园里专门开辟了一块 800 平方米的蔬菜园……

在一年的学习中，学生不仅能学习二十四节气、蔬菜的营养等科学知识，还能亲身体验蔬菜种植全过程。播种、松土、浇水，一直到蔬菜成熟，孩子们把自己辛勤付出几个月劳动换来的果实带回家与全家人分享的时候，那种成就感、幸福感是难以名状的。

2014 年，学校被评为全国教育系统先进集体；2016 年，随着"乡土文化融入城市小学教育探索与实践"获得教育部课题立项，学校走出了一条从特色校本课程到特色学校建设的发展道路……

牵着特校孩子慢慢散步的"蜗牛妈妈"次仁拉姆[①]

真教育是心心相印的活动，特殊教育是需要牵着"蜗牛"慢慢散步的事业。

——次仁拉姆

次仁拉姆与学生一起做陶艺。白玛朗杰 摄

小档案

次仁拉姆，西藏自治区那曲市特殊教育学校校长，正高级教师，中国人民政治协商会议第十一届西藏自治区委员会委员，曾获全国妇女创先争优先进个人、西藏自治区五一劳动奖章、西藏自治区名校长等荣誉。

---

① 周小兰：《牵着特校孩子慢慢散步的"蜗牛妈妈"》，载《中国教育报》，2020-07-15。收入本书时有改动。

青藏高原海拔 4500 米的那曲，坐落着一座年轻的学校——西藏那曲市特殊教育学校。2013 年 8 月建校，2020 年 8 月将迎来 7 岁生日。然而它却在短短的办学历程中，探索出特殊学生职业技能提升、生活技能提升、圆融教育理论等丰富的教学经验，获得了全国残疾人体育先进单位、全国五一巾帼标兵岗、全国三八红旗集体等殊荣。而这一切，都得益于"元老级"校长次仁拉姆。

后浪初心，勤能补拙

次仁拉姆与特殊教育结缘于 2003 年的一次宣讲报告会。当时，拉萨市特殊教育学校的校长对特殊教育的介绍，激起了年近而立的次仁拉姆内心深处的情感。2012 年寒假的一个任命电话，让次仁拉姆心中的那粒种子，遇到了生根发芽的土壤——她毅然决然地接受了那曲市特殊教育学校校长的职务。

从一名普通的中学教师，到幼儿园书记，再到特殊教育学校的校长，跨度不可谓不大。不同于提前接受了特殊教育专业培训的其他 17 名教师，次仁拉姆缺乏特殊教育专业知识，急需"充电"。秉持着多年来"生活即教育""终身学习"的原则，面对职业转型，她以"勤"补"拙"，迅速融入那曲市特殊教育学校的大家庭中。

招生是摆在新学校面前的最大难题。那曲是农牧区，人口分散，生源少，对特殊教育存在认知偏差。面对领导的质疑、同事的担忧，次仁拉姆又一次以她的"勤"给他们吃了一颗定心丸。从前期调研到原因分析，再到想出解决对策，次仁拉姆都亲力亲为。从 6 月到 8 月，她拉着学校的副校长王付开始了"走村入户"。他们的足迹遍布那曲几乎所有的县（区）乡（镇）村，最终成功招到了 65 个特殊孩子入学。此外，次仁拉姆还从特殊学校生源入手，除教育局登记在册的特殊学生，她还将外来务工人员的特殊子女一一登记在册，逐个上门宣传。

2015 年，那曲市委党校进行乡村书记培训，次仁拉姆敏锐地抓住机会，借培训的契机，向乡村书记们讲解了特殊教育的招生情况。她不仅着重介绍了特殊教育学校在培养学生生活自理能力方面的相关知识，还带他们参观了学校与教学环境。次仁拉姆的"勤"彻底"征服"了这些乡村书记。事后，经由他们回乡宣传，学校的生源有了极大的保障。

错位发展，圆融教育

如果学校有教育灵魂，那么那曲市特殊教育学校的教育灵魂就是"圆融教育"。教师以海纳百川的胸怀接纳特殊孩子的差异，以坚韧不拔的毅力挖掘特殊孩子的潜能，圆特殊孩子的梦，在此基础上让他们融入社会，减轻家庭与社会的负担。这是"圆融教育"最终要达到的效果，也是次仁拉姆对那曲市特殊教育学校的希冀。

面对普教转岗和非特教专业组成的师资队伍与特校教师素质的差距，次仁拉姆下定决心要建立起一支能"挑大梁、打硬仗"的特殊教育教师队伍。除了常规的入职情感教育、教师成就感获得等形式，教师三年专业成长规划的实施，是次仁拉姆任职该校以来"没有流失一名教师"的秘诀。

从帮助新教师制订三年计划，到为教师搭建展示才华的平台，再到建立"3+1教师互助团""教学实践互助团""拓展性课程开发互助团"等合作互助小组，大部分教师3年之内能达到相应的评价指标，胜任岗位工作，并在3~5年形成自己的风格。

次仁拉姆还在管理中引用错位发展的理念，挖掘教师个人潜能，使得学校在7年的办学过程中收获了累累硕果：教师人数从最初的17名增加到现在的57名，教师职称也有了显著提升，从最初的1名副高级教师发展到如今的8名副高级、1名正高级教师。在学校发出的将个人需求与学校需求相结合的号召下，有研究生学历的教师比例提高到19%，教师获奖人数更是不断攀升，取得了6名教师获得国家级荣誉、20名教师获得自治区级荣誉的好成绩，成为西藏特殊教育学校甚至是普通教育学校里的佼佼者。

在"圆融教育"办学理念的引领下，经过充分调研、反复论证，学校在

2013年年底提出在大龄聋哑学生中开设职业教育的构想，并在当年的11月开设缝纫班将其付诸实践。此后，编织、卡垫制作、烘焙、陶艺班相继开设，并在每年的"助残日""六一"等特殊日子，举办职教成品展，开展义卖活动，增强广大聋哑学生自主创业和就业的信心。

近几年来，那曲市特殊教育学校的特殊学生（聋哑生）职业教育取得了较好的成绩，部分学生实现了自主创业以及年收入10多万元的成果。"西藏聋哑生职业教育实践与探索"在2018年获西藏自治区首届教育教学成果二等奖，"西藏特殊学生自理能力与职业技能实践探索"在珠海举办的2019年中国第五届教育创新成果公益博览会上参展并获得了一致好评。

送教上门，温情相伴

除了校内的学生，特殊教育还有一部分无法入校读书的重度残疾儿童。于是每学年末，次仁拉姆都要与教师们一起设计次年的"送教上门"工作方案，及时更新学生的最新信息，建立一人一档制，依方案灵活开展上门送教活动。

在海拔4500米以上、总面积达43万平方千米的那曲市，开展送教上门活动可谓困难重重。一方面，地广人稀、居住分散、路途遥远、寒风凛冽的恶劣自然环境让人望而却步；另一方面，孩子们远比想象中还差的身体状况，也让教学过程更加艰难。

为了鼓励年轻教师，次仁拉姆每年都要带队下乡，开展送教上门工作。至今，次仁拉姆仍记得聂荣县永曲乡的一个孩子。2016年，初见那孩子时，她无法相信眼前这个满身肌肉萎缩、仿佛七八个月婴儿一般的孩子已经15岁了。由于他几乎没有自理能力和认知能力，次仁拉姆只能简单地与他沟通几句，跟家长强调一些护理事项，便难过而归。几个月后，次仁拉姆又去看望了一次。过后不久，孩子就因病去世了。尽管之前和之后次仁拉姆还碰到过其他身体状况较差的学生，但这是留在她心底最深的记忆，也是即便送教工作耗时耗力却经常达不到预期的效果，次仁拉姆依然认定"我们还是得坚持，这也是特殊教育的重要一环"的原动力。

送教上门工作的得心应手，除了源于多年的教学经验，驻村扶贫工作也让她更深入农牧民百姓家。2011 年，经主动申请，次仁拉姆成为西藏第一批驻村工作队队长，驻村点在位于那曲东北部的索县嘎美乡。在做妇女工作的过程中，次仁拉姆又创建了"巧妇之家"。她设计制度，编写培训教材，定期开展女性健康讲座，还现场教授妇女制作馒头、油炸食品的手艺。她充分发挥教育工作者的优势，在村里开展控辍保学宣传和劝学工作，成功劝导 2 个辍学孩子重返校园。就这样，一年的驻村工作，使她不仅成为村民进行子女教育的电话顾问，更赢得了全村百姓的"心"。

从义务教育到学前教育，再到特殊教育，次仁拉姆在她 26 年的教育生涯中，努力践行"有教无类"的理念。正如她名字的寓意"长寿仙女"，次仁拉姆用她仙女般的教育深情，滋润守护着那曲的特殊教育事业。她说："未来，我还会继续干好那曲的特殊教育，干出成效，做牵着特校孩子慢慢散步的'蜗牛妈妈'。"